Welschtirol

Daiana Boller

Welschtirol

Il territorio trentino nell'impero asburgico 1815–1918

2016 · Terza edizione

Immagini: Daiana Boller
Cartine pag. 15, 21, 40, 47: Frühwald Schlaich, Geislingen
Design di copertina: Athesia-Tappeiner Verlag
Layout: Ferrari-Auer, Bolzano

ISBN 978-88-6839-179-9

www.athesialibri.it
casa.editrice@athesia.it

Indice

Questo libro presenta un quadro generale delle vicende storiche che hanno interessato l'impero austro-ungarico e in particolare il territorio trentino negli anni dal 1815 al 1918. Al tempo infatti l'attuale Provincia autonoma di Trento era parte della Contea Principesca del Tirolo.

Il testo, affrontando temi diversi e offrendo molti dati ma poche interpretazioni, permette a chi legge di formarsi «un'opinione informata» su temi storici ancora oggetto di dibattito. Ad esempio, aiuta il lettore a capire non solo le diverse letture che la prima guerra mondiale suscita ancora oggi, ma anche cosa c'è dietro la concessione dell'autonomia speciale. Un percorso che non inizia dopo la seconda guerra mondiale, ma molto molto prima.

I primi capitoli tracciano quindi un ampio ma semplice quadro introduttivo, spingendosi temporalmente fino al Medioevo e abbracciando geograficamente l'intero impero asburgico, per inquadrare gli argomenti specifici trattati nei capitoli successivi, i quali possono anche essere letti singolarmente, o in ordine sparso. Si tratta infatti di capitoli brevi, dedicati a singoli argomenti: dall'economia all'esercito, dalla famiglia imperiale ai profughi durante la prima guerra mondiale. I capitoli tematici sono seguiti da una serie di medaglioni biografici dedicati ad alcuni dei personaggi dell'epoca, soprattutto a quelli oggi forse più famosi fuori della nostro territorio che al suo interno, come Caproni, Negrelli o Rosmini. Il testo contiene anche cartine geografiche e diverse immagini dell'epoca, alcune inedite, provenienti dalla mia collezione.

È stato definito un «bignami di storia locale», e in effetti è proprio quello che vuole essere. Una pubblicazione snella, scorrevole, con uno stile essenziale ma ammorbidito da diverse curiosità, molto adatta anche a chi non è un appassionato lettore e cerca un libro breve ma completo tramite il quale capire meglio certi dibattiti ancora attuali sulla nostra storia e la nostra identità. Il libro tra l'altro si inserisce in una collana che ha appunto questo taglio, e che include anche un testo sulla storia recente del Sudtirolo, altro argomento che mescola storia e attualità.

«Welschtirol» è uno dei modi in cui veniva definito il territorio trentino a quei tempi. Questo termine ha origini antiche e aveva inizialmente una connotazione neutra, indicando il fatto che qui si parlava una lingua più vicina al latino, ossia un dialetto italiano, ma assunse poi, e spesso ha ancora, una connotazione spregiativa. Se c'è un fil rouge nel libro, è proprio quello delle divisioni e dei danni che ha causato il nazionalismo esasperato. La radice welsch-, e il termine Welschtirol che ne deriva, è stata appunto una delle vittime dello scontro nazionalista.

L'autrice Daiana Boller
in occasione della terza edizione del volume

Breve storia del territorio trentino prima del 1815

La posizione particolare del territorio trentino lo rese molto importante fin dall'età romana come zona di transito militare e commerciale. Per questo rimangono ancora oggi importanti tracce della civiltà romana (si pensi alla Trento romana o al tracciato della via Claudia Augusta), che si affiancano alle testimonianze della preesistente civiltà retica.

Dopo aver subito numerose invasioni e dominazioni durante l'Alto Medioevo da parte dei Longobardi, dei Goti, dei Bavari e dei Franchi, il territorio trentino entrò a far parte del regno franco e quindi, dopo lo smembramento di questo, del Sacro Romano Impero.

Per poter governare questo vasto impero gli imperatori erano costretti ad affidare piccole porzioni di territorio a nobili o ecclesiastici di loro fiducia. Così fu anche per il territorio trentino, che venne affidato il 31 maggio 1027[1] dall'imperatore Corrado II al vescovo di Trento. Nacque così il Principato vescovile di Trento, la cui estensione tuttavia non corrispose mai a quella dell'attuale Provincia di Trento.

Il Principe vescovo controllava inoltre un territorio come principe e uno come vescovo, ma i due territori non coincidevano, come si vede dalle cartine. A volte inoltre il Principe vescovo di Trento veniva eletto anche Principe vescovo di Bressanone e controllava quindi entrambi i territori. Bisogna quindi tenere sempre presente che i confini di allora erano diversi da quelli attuali e più «fluidi».

Questa situazione si complicò ulteriormente quando la carica di «avvocati»[2] del Principato vescovile venne affidata stabilmente ai Conti di Tirolo, località vicino Merano. La potenza di questa famiglia infatti crebbe finché essi costruirono una propria signoria a danno del Principe vescovo. Nacque così la Contea del Tirolo, i cui confini erano molto irregolari e discontinui.

Dopo il 1363 la dinastia dei Tirolo si estinse e la Contea passò alla famiglia degli Asburgo. Per questo in alcuni casi la carica di imperatore e quella di Conte del Tirolo vennero ricoperte dalla stessa persona.

Tra Conti del Tirolo e Principi vescovi venivano rinnovati periodicamente dei patti (detti «compattate») che riguardavano principalmente aspetti militari.

Tra i Principi vescovi più famosi va ricordato Federico Vanga (1207-1218), discendente da una nobile famiglia della Val Venosta, che rafforzò i diritti del Principato, regolò l'attività estrattiva con uno degli statuti (regolamenti) minerari più antichi d'Europa, costruì a

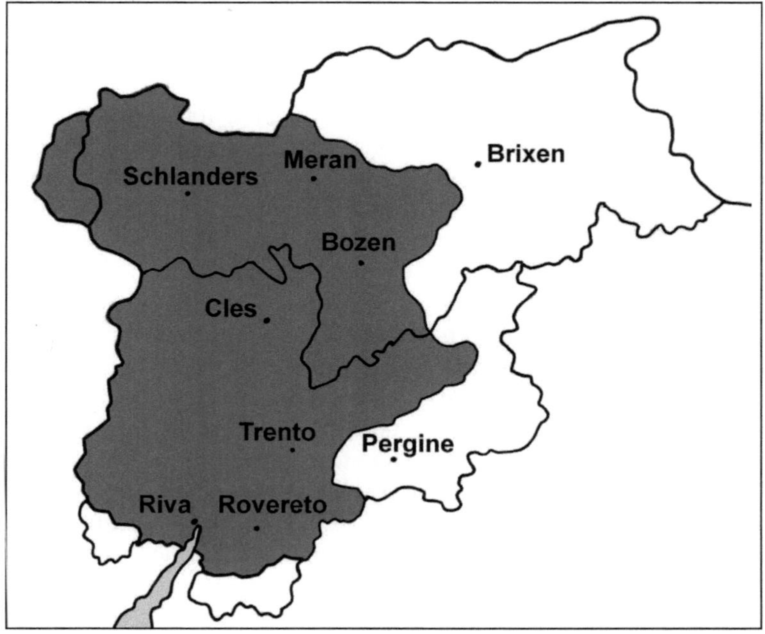

Nella cartina si vede l'estensione del Principato vescovile di Trento nel 1027, che si ridusse nel corso dei secoli.

scopo difensivo la torre che porta il suo nome e che al tempo si affacciava sull'Adige, avviò i lavori di costruzione del Duomo di Trento. Partecipò anche a una Crociata, durante la quale morì.

Una data importante è il 9 agosto 1339, anno in cui il re di Boemia concesse al Principato (allora retto da un Principe vescovo boemo, Nicolò da Brno) l'uso dello stemma nobiliare dell'aquila di San Venceslao, in uso ancora oggi come stemma della Provincia Autonoma di Trento.

Molti dei Principi vescovi non erano originari del territorio trentino, ma erano legati da vincoli di fedeltà o addirittura di parentela agli imperatori del Sacro Romano Impero. Essi però non venivano nominati dall'imperatore: erano infatti eletti dai canonici del Capitolo del Duomo di Trento e la loro elezione veniva poi accettata e ratificata da parte dell'imperatore e del Papa.

All'inizio del'400, tra il 1407 e il 1409, scoppiò a Trento una rivolta guidata da Rodolfo Belenzani. Lo scopo era rafforzare i poteri della città rispetto a quelli del Principe vescovo, che al tempo era Giorgio di Lichtenstein, il committente degli affreschi di Torre Aquila.

A quel tempo la parte meridionale del Principato vescovile era stata conquistata dalla Repubblica di Venezia, la cui avanzata venne fermata in occasione della battaglia di Calliano il 10 agosto 1487. Pochi anni dopo, Venezia dovette ritirarsi dalla Vallagarina e dall'Alto Garda. Il dominio veneziano ebbe quindi breve durata.

Alcuni decenni dopo, nel 1514, divenne Principe vescovo Bernardo de Cles o Clesio, che faceva parte del seguito dell'imperatore con incarichi di rilievo. Grazie a lui, il Principato divenne sempre più importante come punto di contatto tra la penisola italiana (quindi il papato) e il mondo germanico (quindi l'imperatore). Bernardo Clesio era un personaggio politico di grande rilievo fuori del Principato, ma questo non gli impedì di essere molto attivo anche al suo interno, rafforzandone i diritti e promuovendo iniziative come la costruzione del «Magno Palazzo», una parte del castello del Buonconsiglio. Nel 1525 dovette anche gestire la *«Bauernkrieg»*, la guerra dei contadini, il cui comandante in Tirolo fu Michael Gaismayr. Il Clesio venne eletto anche Principe vescovo di Bressanone, ma pochi mesi dopo morì di sifilide.

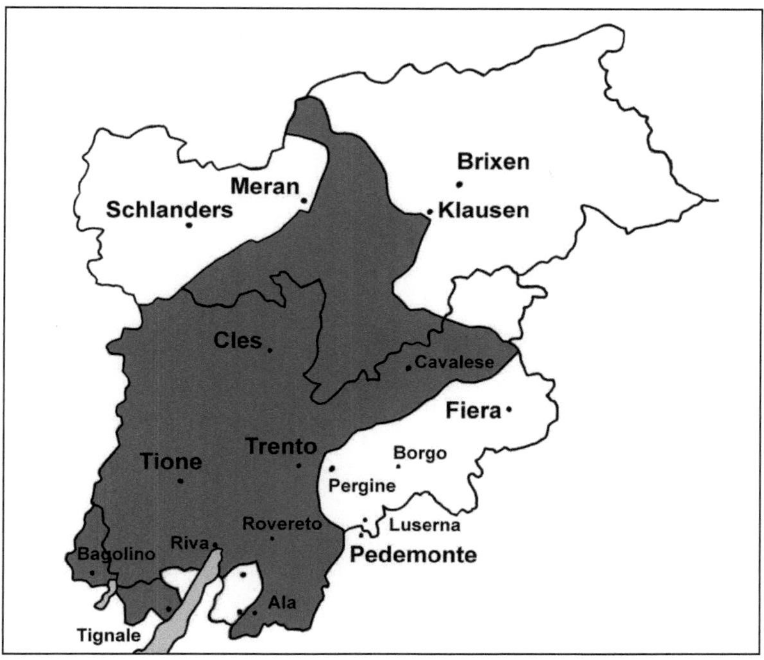

Nella cartina si vede l'estensione della diocesi di Trento, che rimase sostanzialmente invariata dal 1027 al 1785. Rispetto a quella attuale includeva alcuni territori in più a sud-ovest e molti a Nord, arrivando fino a Bolzano. Mancavano invece il Primiero e la Valsugana, inclusi nella diocesi di Feltre.

Durante il suo periodo di governo cominciarono le trattative per un Concilio che risolvesse la rottura coi protestanti. Quale posto migliore per ospitarlo di Trento, vista la sua storica funzione di cerniera tra i due mondi? Il Concilio si tenne infatti tra il 1545 e il 1563 e anche se non riuscì a sanare la frattura protestante fu comunque un momento storico importantissimo.

Durante il Concilio e nei decenni seguenti, dal 1539 al 1658, si succedettero come Principi vescovi ben quattro membri della famiglia Madruzzo, che si passarono il potere da zio a nipote. Il loro

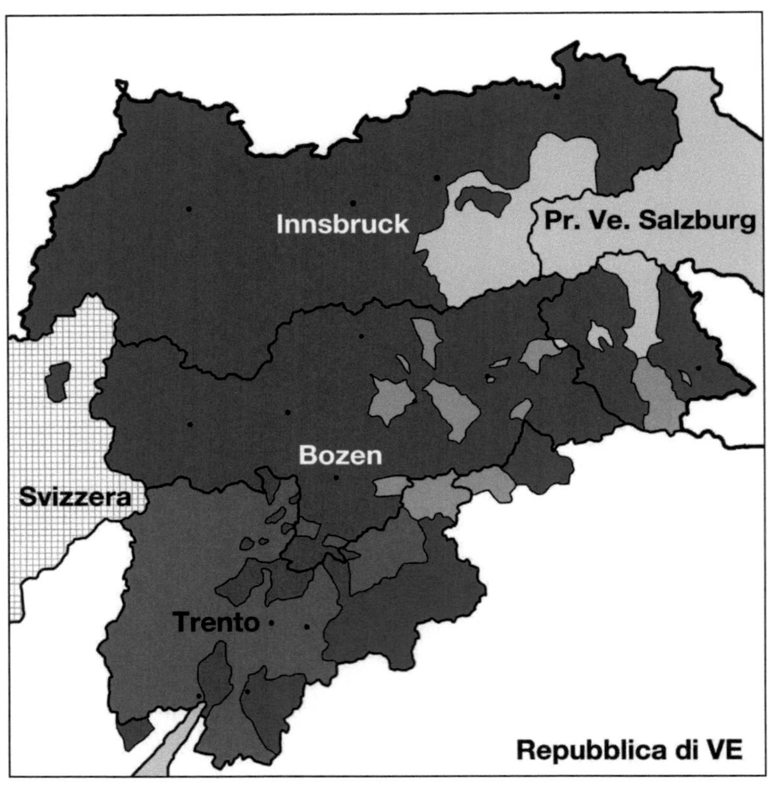

Nella cartina si vede il rapporto tra Contea del Tirolo e Principati Vescovili di Trento e Bressanone tra metà '600 e il 1803. Si noti che Primiero, Arco, Bassa Valsugana, Rovereto e dintorni e il territorio controllato dalla famiglia Lodron facevano parte della Contea del Tirolo.

periodo di governo segnò l'apice e poi il declino dell'importanza del Principato vescovile. La Contea del Tirolo infatti era ormai sempre retta dal ramo principale degli Asburgo, quindi il Principato non confinava più con una piccola signoria, ma con un potente imperatore. Inoltre, il tempo dei piccoli staterelli feudali stava finendo e si andavano formando i primi stati nazionali.

Uno di questi stati nazionali era la Francia, dalla quale arrivò la spinta che fece crollare definitivamente il Principato. Nel 1796 infatti si ebbe la prima invasione francese del territorio trentino. Seguì un periodo confuso con continui passaggi di governo, finché il Principato vescovile di Trento venne definitivamente secolarizzato, ossia al vescovo venne tolto il governo politico della regione.

Nel 1805, dopo la vittoria di Napoleone ad Austerlitz, l'intero Tirolo (comprendente quindi l'attuale Tirolo austriaco e le attuali Province di Trento e Bolzano) venne assegnato al regno di Baviera, che avviò un importante programma di riforme modernizzatrici. Questo causò nel 1809 una sollevazione popolare a capo della quale venne posto Andreas Hofer. Gli insorti, inizialmente appoggiati dal governo asburgico, tennero in scacco per un periodo le truppe bavaresi e napoleoniche, ma alla fine Hofer venne catturato e fucilato a Mantova il 20 febbraio 1810. Il territorio tirolese venne quindi smembrato e mentre una parte venne inglobata nel regno di Baviera, una parte venne assegnata al Regno italico.

Con la sconfitta di Napoleone e il Congresso di Vienna però il territorio trentino-tirolese venne nuovamente riunito ed entrò a far parte dell'impero asburgico come Contea principesca del Tirolo.

Tutta la parte meridionale della Contea del Tirolo, quella trentina, era chiamata «*Welschtirol*». La radice del termine, «*welsch*», indica una popolazione che parla una lingua latina. È quindi un nome che non ha un significato negativo, anche se a volte lo si trova usato in senso dispregiativo nella propaganda politica.

Rovine del paese di Caldonazzo. I paesi interessati dai combattimenti subirono danni tali che vennero definiti «La zona nera».

Breve storia della monarchia asburgica prima del 1815

La dinastia degli Asburgo prende il nome da «*Habichtsburg*» (ossia «Castello dei falchi»), il loro primo possedimento, che si trova nel cantone svizzero di Argovia. Grazie soprattutto a una serie di fortunati matrimoni, i loro domini si andarono allargando fino ad arrivare a comprendere, al tempo di Carlo V (1500-1558), un impero su cui «non tramontava mai il sole».

Nel'300 gli Asburgo acquisirono la Carinzia, la Carniola, il Tirolo, l'Istria e Trieste. Nel 1526 ottennero in eredità le corone di Boemia e

Cesare Battisti, parlamentare austroungarico arruolatosi volontario nell'esercito del Regno d'Italia, viene scortato lungo le vie di Trento dopo la cattura.

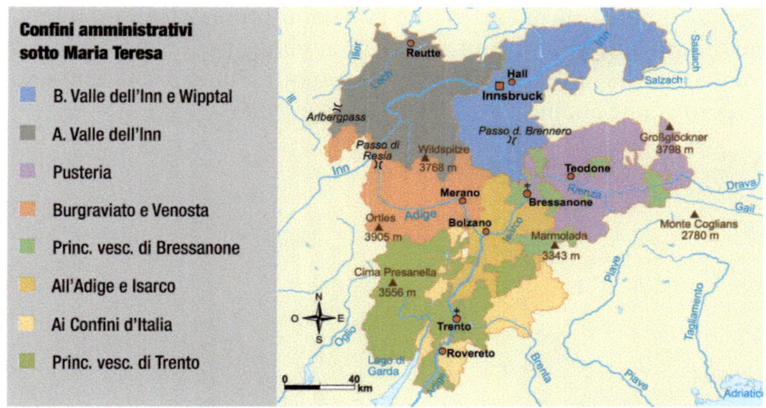

Ungheria, il cui re era morto senza eredi. L'anno dopo acquisirono anche la Croazia. La loro diventava così una monarchia sempre più composita e multinazionale. Nel'700 la monarchia asburgica si arricchì anche delle Fiandre e di diverse province italiane; successivamente perse la Slesia tedesca, che venne compensata con la Galizia polacca.

Molte acquisizioni territoriali furono il frutto dei matrimoni di Massimiliano I[3] (1459–1519) e dei suoi figli. Egli infatti sposò Maria di Borgogna, Anna di Bretagna e Bianca Maria Sforza. Ebbe un solo figlio maschio che sposò la figlia del re di Spagna. In questo modo suo nipote Carlo V (1500–1558) si trovò a governare un territorio che includeva l'Austria, la Spagna, la Germania, gran parte della penisola italiana e i domini spagnoli in America latina, mentre il matrimonio del fratello portava agli Asburgo le corone di Boemia e Ungheria. L'impero di Carlo V era tanto vasto che dovette essere diviso, dando vita a due linee dinastiche: quella degli Asburgo di Spagna e quella degli Asburgo d'Austria, che qui ci interessa.

Oltre ai domini personali, gli Asburgo controllavano anche il Sacro Romano Impero. Il primo Asburgo ad essere nominato imperatore del Sacro Romano Impero fu Rodolfo nel 1273. Questa carica era elettiva e non poteva essere tramandata ai propri discendenti, ma col tempo gli Asburgo riuscirono ad aggiudicarsi l'elezione quasi ininterrottamente dal 1438 al 1806, anno in cui il Sacro Romano Impero venne abolito.

Una suggestiva immagine di come appariva il castello del Buonconsiglio all'inizio del '900.

La monarchia asburgica era il baluardo europeo contro l'avanzata dell'impero ottomano. I turchi infatti arrivarono alle porte di Vienna sia nel 1529 che nel 1683, ma vennero respinti.

La presenza di questo nemico esterno, il cattolicesimo e soprattutto la fedeltà alla dinastia regnante erano ciò che teneva uniti i territori controllati dagli Asburgo, che come abbiamo visto erano molto variegati. Questo perché gli Asburgo mantennero sempre separate le varie corone, senza mai costituire uno stato unico e centralizzato e senza uniformare né le amministrazioni, né le legislazioni, né le lingue.

Anche la monarchia asburgica fu interessata dallo scoppio della Riforma protestante, e gli Asburgo non esitarono a prendere le armi per difendere il cattolicesimo, visto che la lotta religiosa poteva avere pericolosi risvolti politici. Nel 1618 infatti a Praga i rappresentanti dell'imperatore erano stati letteralmente defenestrati dai nobili protestanti, dando inizio alla Guerra dei Trent'anni. Conclusasi la guerra, ai nobili boemi ribelli vennero tolte le terre, che vennero concesse alle famiglie rimaste fedeli. Fu così che un ramo dei trentini Thun si trasferì in Boemia.

A inizio'700 la dinastia asburgica contava un solo maschio vivente, cioè Carlo VI. Egli era molto preoccupato per la sua successione, quindi nel 1713 emanò un documento, chiamato «*Prammatica Sanzione*», col quale dichiarava che i territori della monarchia asburgica erano indivisibili e sarebbero stati ereditati dai suoi discendenti, fossero stati maschi o femmine. Questo documento, che permetteva anche a una donna di ereditare i domini asburgici, dovette essere fatto accettare prima a tutti i popoli della monarchia e poi anche a tutti gli stati europei, a volte a prezzo di pesanti concessioni. Ciò nonostante, alla morte di Carlo VI, quando nel 1740 sua figlia Maria Teresa dovette succedergli, molti stati europei si rifiutarono di rispettare i patti e le dichiararono guerra.

Maria Teresa non poteva tuttavia essere eletta imperatrice del Sacro Romano Impero, titolo riservato agli uomini. Ad essere eletto fu infatti nel 1745 suo marito, Francesco Stefano di Lorena. La loro unione diede vita alla linea detta degli Asburgo-Lorena (e a ben sedici figli), anche se in realtà per poter sposare Maria Teresa Francesco Stefano aveva dovuto cedere il Ducato di Lorena e accettare in cambio il Granducato di Toscana.

Maria Teresa regnò col marito dal 1740 al 1765 e dal 1765 al 1780 col figlio Giuseppe II, eletto imperatore alla morte del padre. Era il secolo dei «sovrani illuminati» e delle riforme, infatti cercò in vari modi di rendere la monarchia asburgica più moderna e amministrabile, ma soprattutto economicamente più sana, visto che le casse dello stato erano continuamente vuote. In questa prospettiva vanno viste sia la promulgazione del Codice teresiano nel 1768, che l'istituzione dell'istruzione primaria obbligatoria nel 1774, che la redazione del Catasto tavolare, per citare le riforme principali. Tali riforme vennero applicate direttamente nei territori facenti parte della Contea del Tirolo (Maria Teresa era Contessa del Tirolo) e poi recepite anche nel Principato vescovile di Trento, che faceva parte del Sacro Romano Impero.

Il Catasto tavolare (o fondiario) è applicato ancora oggi non solo nelle Province di Trento e Bolzano, ma anche nei comuni di Pedemonte, Magasa, Valvestino e Cortina d'Ampezzo, che fino al 1918 facevano parte del Tirolo.

Molti dei numerosi figli di Maria Teresa morirono giovani, ed una (Maria Antonietta, regina di Francia) morì addirittura decapitata. Due dei suoi figli furono invece suoi successori sul trono asburgico: Giuseppe II, imperatore fin dal 1765 e re dei territori ereditari asburgici dal 1780 al 1790, e Leopoldo II, re ed imperatore dal 1790 al 1792. Giuseppe II continuò la politica riformatrice così intensamente da suscitare forti reazioni contrarie nella popolazione, tanto che alla sua morte il fratello dovette abolire alcune riforme, in particolare quelle anticlericali. Egli infatti aveva fatto tutto il possibile per eliminare il controllo della Chiesa sulla politica e anzi per fare in modo che fosse lo stato a controllare la Chiesa. Per questo fece coincidere i confini della diocesi di Trento con i confini politici del Principato vescovile e della Contea del Tirolo.

In questa bella cartolina, il vestito tradizionale usato per le nozze da una contadina tirolese.

A Leopoldo II successe suo figlio Francesco, che avrebbe regnato fino al 1835. Egli fu imperatore del Sacro Romano Impero come Francesco II fino al 1806, quando questo impero venne abolito, mentre era imperatore del neonato Impero d'Austria come Francesco I dal 1804.

I tempi infatti stavano cambiando: nel 1789 era iniziata la Rivoluzione francese, nel 1792 la Francia rivoluzionaria aveva dichiarato guerra agli Asburgo e ad altri stati, l'anno seguente aveva giustiziato il suo re e poi la regina, Maria Antonietta, come detto figlia di Maria Teresa e quindi zia di Francesco II.

Nel 1796 Napoleone Bonaparte guidò la prima campagna d'Italia contro gli Asburgo, arrivando anche nel territorio trentino. Nel 1799 diventò Primo console, nel 1804 fondò l'Impero di Francia.

Per quanto riguarda il territorio trentino, dal 1796 al 1803 vi si alternarono tre governi provvisori francesi e due austriaci; dal 1803 al 1805, dopo l'abolizione del principato, tutto l'attuale territorio provinciale venne annesso alla monarchia asburgica, dal 1806 al 1810 vi fu il passaggio alla Baviera, con l'insurrezione hoferiana del 1809.

Nel 1810 Francesco II dovette concedere in moglie la figlia Maria Luisa (1791-1847) all'odiato nemico Napoleone Bonaparte (1769-1821) come pegno di pace. Dal matrimonio nacque nel 1811 un figlio, Napoleone Francesco, che morì a soli 21 anni.

Questo matrimonio era stato il capolavoro diplomatico del Ministro degli esteri austriaco Klemens von Metternich, ma venne ben presto sciolto dal crollo della fortuna di Napoleone, che nel 1814 venne esiliato all'Elba. Dopo il Congresso di Vienna, che rimise ordine nelle corti d'Europa, a Maria Luisa venne assegnato il Ducato di Parma e Piacenza, dove si trasferì col suo amante e marito dopo la morte di Napoleone, il conte Adam von Neipperg.

Nel frattempo, dal maggio 1810 al 1813 una parte del Tirolo era entrata a far parte del napoleonico Regno d'Italia.

Solo nell'ottobre 1813 il Tirolo tornò unito e sotto il controllo degli Asburgo, che iniziarono subito il riordino amministrativo, anche se la cessione formale arrivò solo nel giugno 1814 e venne poi ratificata dal Congresso di Vienna.

Il territorio trentino iniziava così il suo secolo di permanenza nell'impero asburgico.

Avvenimenti 1815-1848

Le idee della rivoluzione francese ebbero inizialmente buona accoglienza presso la corte viennese. Il secondo figlio di Maria Teresa, Leopoldo, allora Granduca di Toscana e poi imperatore, dichiarò persino: «*La rigenerazione della Francia sarà un modello che tutti i sovrani e i governi d'Europa imiteranno, volontariamente o meno, perché vi saranno costretti dai loro popoli. In ogni caso ne deriverà una felicità illimitata, la fine delle ingiustizie, delle guerre, delle dispute e dei disordini, e questa sarà la moda più utile che la Francia avrà introdotto in Europa*». Le numerose riforme di Maria Teresa e Giuseppe II del resto facevano sì che la situazione sociale nei territori asburgici fosse molto diversa da quella che aveva causato la rivoluzione francese, e non si temevano quindi episodi simili. Alcune riforme erano anzi state rifiutate dalla popolazione stessa perché troppo radicali.

Nel 1792 tuttavia, alla morte di Leopoldo, salì al trono suo figlio Francesco II, che avrebbe regnato fino al 1835. Anche se giovane (era nato a Firenze nel 1768, aveva quindi 24 anni), a differenza dei suoi predecessori non amava le novità e le riforme, anche se il suo atteggiamento aperto e bonario gli guadagnò presto la stima e l'affetto dei sudditi, in particolare dei viennesi.

L'entusiasmo per le idee rivoluzionarie si era del resto spento anche presso l'aristocrazia austriaca, spaventata dalla situazione creatasi in Francia, la quale nel 1792 aveva dichiarato guerra agli Asburgo, iniziando un conflitto che durò con fasi alterne fino al 1815.

Francesco appena salito al trono rafforzò quindi la burocrazia, la censura e la polizia. Nell'estate del 1794 questa scoprì un complotto per uccidere il sovrano e rovesciare la monarchia. Molti degli accusati appartenevano alla massoneria, il che permise al governo di dimostrarne la pericolosità. La massoneria venne quindi proibita in tutti i territori occidentali dell'impero.

Ripartizione amministrativa nel 1840

Dopo il ritorno del Tirolo all'Austria (1814), fu creata una nuova ripartizione amministrativa in Circoli. Il mutamento più evidente rispetto alla situazione del 1766 è la diretta annessione dei principati vescovili di Trento e di Bressanone, secolarizzati nel 1803.

- A. Valle dell'Inn
- B. Valle dell'Inn
- Pusteria
- All'Adige
- Trento
- Rovereto

Nell'ottobre 1797 Austria e Francia firmarono il trattato di Campoformio, in seguito al quale gli Asburgo ottennero Venezia, l'Istria e la Dalmazia. Inoltre, con la pace di Luneville del 1801 alcuni principati vescovili vennero secolarizzati; tra questi anche quelli di Trento e Bressanone, che vennero assegnati agli Asburgo come compensazione per la perdita della Contea di Falkenstein nella Lorena, divenuta francese.

Nel 1805 Vienna venne occupata dai francesi e Francesco II dovette rifugiarsi presso lo zar russo. Venne anche costretto a rinunciare al titolo di imperatore del Sacro Romano Impero e ad accontentarsi di quello di imperatore austriaco, diventando così Francesco I d'Austria. Il Tirolo nel frattempo era passato alla Baviera, alleata di Napoleone.

Nel febbraio 1809 le ostilità fra Austria e Francia ricominciarono, mentre le riforme imposte dal governo bavarese suscitavano in Tirolo forti proteste, che sfociarono in una rivolta armata. Dal punto di vista militare fu un successo, ma la perdita degli appoggi politici portò alla sconfitta e alla divisione del Tirolo: la parte settentrionale rimase alla Baviera, mentre quella meridionale venne annessa al Regno d'Italia creato da Napoleone. Francesco I, sconfitto, dovette dare in moglie la figlia Maria Luisa a Napoleone, pagare una forte somma, ridurre il suo esercito e togliere ogni appoggio ai rivoltosi tirolesi il cui capo, Andreas Hofer, venne catturato e poi fucilato dai francesi a Mantova il 20 febbraio 1810.

Nel 1809 aveva iniziato la sua carriera politica un uomo fondamentale nella storia austriaca fino al 1848: Klemens Wenzel Lothar, conte e poi principe di Metternich, spesso accusato di essere un burocrate perfido e sospettoso, era in realtà un grande signore cosmopolita, ammiratore dei pensatori illuministi. La sua fama è legata soprattutto al Congresso di Vienna, ossia all'assemblea degli stati europei che nel 1814–1815 portò a un nuovo equilibrio politico dopo la sconfitta di Napoleone. La monarchia asburgica ottenne i territori lombardi e veneti che andarono a formare il Regno Lombardo-veneto, mentre i Savoia ottennero la Repubblica di Genova.

Grazie al controllo diretto del Nord-Est e a quello indiretto su molti altri territori, la monarchia asburgica arrivava così a controllare gran parte della penisola italiana. In Germania invece gli Asburgo erano stati fortemente ridimensionati dalla crescita della Prussia. Anche per questo dopo il 1815 non venne restaurato il vecchio Sacro Romano Impero, ma venne creata una Confederazione germanica che raggruppava diversi stati (Prussia, Sassonia, Baviera, Assia, Baden ecc.) e la cui presidenza venne affidata a Francesco I d'Asburgo.

Dal Congresso di Vienna gli Asburgo uscirono controllando uno stato con 65 milioni di abitanti, il cui compito secondo Metternich era quello di continuare a difendere l'Europa dall'espansione turca. Per questo pensava fosse necessario evitare che l'impero asburgico si espandesse ad est, il che lo portò a «snobbare» la parte ungherese dell'impero.

L'atto finale del Congresso di Vienna del 9 giugno 1815 sanciva definitivamente il rientro del Tirolo (e quindi anche degli ex Principati vescovili di Trento e Bressanone) nei possedimenti asburgici. Pochi anni dopo, nel 1818, la Contea del Tirolo venne inclusa anche nella Confederazione germanica.

Metternich e l'imperatore Francesco I erano sospettosi nei confronti dell'attività politica degli arciduchi Carlo e Giovanni, fratelli di Francesco I. L'arciduca Giovanni[4] in particolare, già sostenitore di Andreas

Hofer, aveva cercato di far nascere una sorta di coscienza nazionale, di «patriottismo austriaco» su modello di quello francese, che avrebbe forse potuto amalgamare le diverse nazionalità. Metternich però pensava che questo non fosse necessario per tenere unito l'impero asburgico. Secondo lui non esistevano né una nazione italiana né una tedesca, ma solo due popolazioni con una lingua e una tradizione letteraria comuni, che però non avrebbero mai sentito il bisogno di unirsi in stati nazionali.

La stabilità interna dell'impero veniva quindi garantita da una politica conservatrice e da un forte controllo, abbinati al rispetto delle leggi tradizionali, che lasciavano il potere in mano alla nobiltà e alle Diete[5], le quali venivano regolarmente convocate, anche se i loro privilegi e poteri vennero limitati e l'amministrazione passò progressivamente dalle mani dell'aristocrazia a quelle dei funzionari.

Il Lombardo-Veneto, che non aveva già una Dieta, venne dotato di assemblee composte da rappresentanti dei proprietari terrieri (nobili e non) e da delegati delle città. L'amministrazione asburgica del Lombardo-Veneto era riconosciuta come la più efficiente della penisola; il sistema giudiziario e quello scolastico erano i più progrediti e il tenore di vita rispecchiava l'economia più sviluppata tra quelle degli stati italiani. Tuttavia questa amministrazione escludeva la maggior parte degli aristocratici e degli avvocati locali dalle funzioni pubbliche e politiche. Gli avvocati avrebbero dovuto essere bilingui, mentre i titoli nobiliari italiani spesso non erano riconosciuti dalle commissioni araldiche imperiali. Al contrario, molti posti di responsabilità erano affidati a trentini, grazie al loro bilinguismo e alla fiducia che ispiravano nel governo.

La stabilità europea veniva garantita da frequenti congressi diplomatici che riunivano le maggiori potenze: Russia, Prussia, Gran Bretagna, Impero asburgico e, dopo il 1818, Francia. In caso di pericolo questi congressi potevano affidare a una o più nazioni il compito di intervenire con le armi. Questo avvenne ad esempio quando gli Asburgo vennero incaricati di intervenire a Napoli contro la rivoluzione liberale e quando nell'aprile 1821 repressero su richiesta dei Savoia l'insurrezione liberale piemontese.

Nello stesso periodo la Prussia realizzò l'unione doganale («*Zollverein*») tra numerosi stati tedeschi, dalla quale era escluso l'impero asburgico. L'azione asburgica in Germania era quindi sempre più limitata, perciò l'attenzione di Metternich si rivolse ai territori italiani, dove intervenne anche nel 1831 per soffocare il movimento rivoluzionario nato nello Stato pontificio ed estesosi poi a Parma e Modena, dove era duchessa Maria Luisa d'Asburgo, principessa austriaca vedova di Napoleone.

La visione di Metternich era vincente nel 1815, quando le popolazioni europee, stanche di guerre, cercavano l'equilibrio, ma non riuscì ad adeguarsi quando, soprattutto dopo il 1830, le condizioni cambiarono e quelle stesse popolazioni cercarono di ritagliarsi nuovi spazi nella società, a danno del vecchio regime aristocratico. Questa incapacità di cogliere il nuovo spirito dei tempi fu aggravata dal fatto che dopo il 1835 e l'ascesa al trono di Ferdinando I (vissuto 1793-1875, imperatore 1835-1848), affetto da gravi problemi fisici e mentali, Metternich si trovò sostanzialmente a regnare al posto dell'imperatore.

Il periodo 1815-1848 tuttavia per gli austriaci non si chiama, come si trova spesso sui testi scolastici, «era di Metternich», ma «*Biedermeier*». Questo termine simboleggia l'ascesa della borghesia, e si tradusse tra l'altro in un caratteristico stile di arredamento leggero, confortevole, funzionale e grazioso, visibile ancora oggi in molti interni viennesi.

Fu un periodo di crescita economica e demografica, visibile nello sviluppo urbano di Vienna, che superò nel 1828 i 300.000 abitanti, ma anche Brno raddoppiò i suoi abitanti, Pest (poi Budapest[6]) li triplicò, Praga arrivò a 89.000 abitanti.

Vienna si distingueva per la sua industria tessile e per quella dei prodotti di lusso: porcellane, mobili e strumenti musicali. Vienna infatti era la capitale europea della musica: Beethoven prese il posto di Mozart e di Haydn, morto nel 1809. Beethoven simpatizzava per le idee rivoluzionarie e per Bonaparte, cui dedicò una sinfonia (l'«*Eroica*»), ma riuscì a inserirsi perfettamente nell'ambiente viennese e fu maestro di musica dell'arciduca Rodolfo, fratello di Francesco

Erinnofilo (bollo chiudilettera senza valore postale) dell'associazione dei vignaioli trentini a Monaco.

I, poi vescovo di Olomouc. Era il musicista dei salotti aristocratici, mentre Franz Schubert lo era di quelli borghesi.

Dopo la morte di Beethoven (1827) e di Schubert (1828) però gli altri grandi musicisti dell'epoca (Liszt, Chopin, Schumann e Wagner) non si stabilirono a Vienna, dove regnavano il valzer e il teatro popolare. Il valzer, simbolo della cultura viennese, apparve intorno al 1815 in seguito alla trasformazione di un «*Ländler*» tirolese. Per la prima volta, scandalosamente, la coppia danzava abbracciata. Al tempo, l'orchestra da ballo più celebre era naturalmente quella di Johann Strauss.

Le relazioni tra stato e Chiesa rimasero in questo periodo quelle dell'epoca di Giuseppe II (ispirate cioè al cosiddetto «gioseffinismo»): l'amministrazione dei beni ecclesiastici restava statale e la corrispondenza diretta tra i vescovi e la Santa Sede era proibita. Il governo non arrivò al punto di autorizzare il divorzio, ma permise la separazione.

I rapporti tra stato e Chiesa divennero più stretti col procedere della cosiddetta «Restaurazione».

Dopo il 1820 si svilupparono dei movimenti nazionali, che coinvolsero soprattutto le «nazionalità storiche», cioè quelle che si riconoscevano in uno stato preesistente all'inglobamento nella monarchia asburgica, ossia ungheresi, cechi e croati.

L'attenzione era in particolare sull'aspetto linguistico. Fino alla fine del'600 le lingue locali erano state utilizzate sia nell'ambito della cultura che dell'amministrazione, ma nel'700 erano state ridotte a lingue solo popolari, mentre le classi dirigenti parlavano in tedesco, latino o francese.

La lingua e la letteratura ceca ebbero il loro principale promotore in Palacký, sostenuto tra l'altro dal conte di origine trentina Leo Thun-Hohenstein. Palacký, pur proclamando l'uguaglianza di tutte le nazionalità e confessioni religiose riunite nell'impero, era anche uno dei maggiori sostenitori della monarchia asburgica, nella quale vedeva una garanzia sia contro il nazionalismo tedesco che contro l'imperialismo russo. Arrivò a dire: «*In verità se l'impero d'Austria non esistesse, bisognerebbe affrettarsi a costruirlo, per il bene dell'Europa e dell'umanità*».

In Ungheria dopo il 1830 si formò invece un gruppo di giovani radicali, guidati da Lajos Kossuth, che voleva la completa indipendenza e l'abolizione del regime signorile. Si trattava però di una minoranza, perché la maggior parte dei possidenti ungheresi rimaneva alleata alla corte di Vienna, che ne garantiva i privilegi. Lajos Kossuth prima di fuggire all'estero nascose il manto regale d'Ungheria in un cofano, sotterrandolo. Per ritrovarlo furono necessari quattro anni di ricerche.

Inizialmente quindi questi movimenti si limitarono all'interesse delle élites culturali per la lingua, la letteratura e la storia dei diversi popoli che componevano l'impero. Solo più tardi questa coscienza sarebbe passata dai ceti intellettuali a quelli popolari e si sarebbe caricata di significati politici.

Nel 1846 in Europa si ebbe una crisi economica dovuta a fattori metereologici che provocarono raccolti insufficienti. Questo causò disordini in Galizia e Boemia e gli strascichi della crisi furono tra le cause scatenanti dei moti del 1848.

Il 1848 fu anche l'anno della prima guerra d'indipendenza tra il Regno di Sardegna e l'impero asburgico. I «corpi franchi», cioè corpi di volontari italiani, arrivarono a Tione, Malè e Cles e vennero poi respinti. Ventuno volontari, non facendo parte di un esercito regolare, vennero catturati e fucilati nella fossa del Castello del Buonconsiglio. Tra questi anche Luigi Blondel, nipote di Alessandro Manzoni.

Avvenimenti 1848–1867

La rivoluzione parigina di febbraio diede inizio ai moti del 1848. Gli animi erano stati preparati dalla crisi economica dovuta ai cattivi raccolti, in conseguenza della quale i contadini, pur senza arrivare alla fame, avevano smesso di acquistare prodotti manufatti, causando la chiusura di diversi impianti industriali.

I moti avevano due volti: quello delle rivendicazioni liberali e quello delle rivendicazioni nazionali.

All'inizio del 1848 i patrioti milanesi iniziarono lo «sciopero del tabacco» rifiutandosi di acquistare i prodotti soggetti a monopolio statale, per boicottare il fisco austriaco. La storia dei moti nel Lombardo-Veneto è abbastanza nota; essi portarono alle cinque giornate di Milano, mentre Venezia si proclamò repubblica sotto la guida di Daniele Manin.

Le nazionalità che nel 1848 misero seriamente in discussione l'esistenza della monarchia furono quella ceca, quella ungherese e quella italiana. Molti reclamavano il ritorno a una confederazione fra stati semi-indipendenti, mentre nello stesso tempo veniva sollevata la questione sociale e criticato il sistema aristocratico. La rivoluzione del 1848 tuttavia, sebbene importante, coinvolse soprattutto le classi dirigenti (nobiltà, borghesia, intellettuali) e le grandi città, tranne che nei territori in cui la questione sociale e nazionale aveva ormai coinvolto ampi strati della popolazione, come in Ungheria e nel Lombardo-Veneto.

La prima capitale della monarchia asburgica a reagire agli avvenimenti parigini fu Budapest, dove il 3 marzo Kossuth tenne un discorso in cui chiedeva una Costituzione. L'11 marzo fu la volta di Praga. Il 13 marzo anche Vienna insorse per chiedere riforme liberali. I soldati, impreparati ad affrontare la situazione, spararono uccidendo alcuni manifestanti. I disordini si fecero allora più violenti rivolgendosi anche contro le fabbriche. La sera stessa Metternich rassegnò le proprie dimissioni e scappò dalla città nascosto nella vettura di una lavanderia, rifugiandosi in Inghilterra.

A Vienna il barone Pillersdorf, nominato capo del governo, pubblicò il 25 aprile 1848 una Costituzione, che era stata promessa dall'imperatore il 15 marzo. In essa si stabilivano il suffragio universale maschile e il bicameralismo. Essa garantiva inoltre a ogni nazione dell'Impero *«l'inviolabilità della propria nazionalità e lingua»* (art. 4); piena libertà di culto e di coscienza (art. 17); la libertà di parola e di stampa con l'abolizione della censura (art. 19); la libertà di culto alle comunità cristiane riconosciute dalle leggi e alla religione ebraica (art. 31). Questo testo non piaceva però alle forze rivoluzionarie, che continuarono la lotta armata. La corte imperiale lasciò quindi Vienna per rifugiarsi nella più sicura Innsbruck, mentre la borghesia liberale prendeva le distanze dai rivoluzionari.

Tra le popolazioni che rivendicavano una propria autonomia c'erano anche i croati, che avevano conservato i loro diritti storici e una loro Dieta anche all'interno dello stato ungherese. Rimasero quindi fedeli alla dinastia asburgica, che rappresentava la loro migliore garanzia rispetto ai magiari ungheresi. Elessero il colonnello Jelačič proprio *«bano»* (era il titolo del loro capo tradizionale) e si dichiararono indipendenti dallo stato ungherese, pur rimanendo parte dell'impero asburgico. Un percorso simile, pur senza arrivare a dichiararsi autonomi, fecero le altre popolazioni comprese nella parte ungherese dell'impero: slovacchi, serbi e rumeni.

Anche la componente tedesca aveva aspirazioni nazionali. Una parte di essa aspirava infatti alla creazione di uno stato austro-tedesco. Per questo nel 1848 l'Assemblea costituente di Francoforte, cui partecipavano i rappresentanti dei territori che componevano la Confederazione germanica e che doveva decidere del futuro della popolazione di lingua tedesca, pose chiaramente la questione chiedendo di scegliere tra l'inglobamento di tutti i tedeschi nella multinazionale monarchia asburgica o la creazione di una nazione tedesca separata.

Grazie alle truppe l'ordine venne ristabilito prima a Praga, poi a Milano, poi a Vienna e infine a Budapest.

A Praga represse i moti il generale Windischgrätz, il quale, dopo che la moglie era stata uccisa da una pallottola vagante nel primo giorno di insurrezione, si comportò con estrema durezza.

In Lombardia Radetzky riuscì a vincere gli insorti e i loro alleati piemontesi grazie alla sua armata e all'appoggio dei tirolesi. Il 25 luglio 1848 sconfisse a Custoza le truppe piemontesi.

A Vienna nuovi scontri portarono nell'ottobre 1848 alla morte del ministro della guerra Latour, linciato dalla folla. La corte lasciò la capitale rifugiandosi questa volta a Olomouc (Olmütz) in Moravia.

Nonostante la repressione, la borghesia uscì vincitrice dai moti, riuscendo finalmente ad entrare nelle stanze del potere. In pochi anni ottenne infatti le libertà individuali, quella di stampa e un regime parlamentare.

Un Parlamento era stato infatti eletto (con scarsa partecipazione elettorale) nel 1848 e si riunì per la prima volta a Vienna il 22 luglio. In ottobre, quando come detto la città fu nuovamente teatro di scontri, venne spostato a Kremsier (Kromeriz) in Moravia, mentre la corte e il governo si erano spostati a Olomouc. Il Parlamento di Kremsier dimostrò che la monarchia asburgica era tutt'altro che *«una prigione dei popoli»*. Esso infatti comprendeva rappresentanti di tutte le nazionalità e i contadini erano la maggioranza. Alcuni non sapevano nemmeno leggere, molti non conoscevano il tedesco, la maggior parte non aveva nessuna esperienza politica. In settembre questo Parlamento votò all'unanimità il progetto presentato da un contadino che aboliva tutti i legami servili e i diritti signorili. I proprietari terrieri sarebbero stati comunque indennizzati. In questo modo i contadini diventavano proprietari a tutti gli effetti delle terre che occupavano e coltivavano. Anche se i vecchi proprietari conservavano grandi estensioni di terre e a beneficiare di questa riforma furono soprattutto i contadini agiati, essa aveva un forte significato simbolico, inoltre toglieva le motivazioni rivoluzionarie ai contadini, che così avevano ottenuto quanto chiedevano.

Il Parlamento di Kremsier concordava sul principio di eguaglianza delle nazionalità, ma la sua applicazione pratica non era facile. Gli stessi «paesi storici», come la Boemia, avevano al loro interno nazionalità diverse. Si decise quindi di dividerli in circoli a carattere nazionale con forte autonomia politica e culturale (ad es. per lingua, scuole, tribunali). Questo avrebbe permesso una coesistenza armoniosa dei popoli, ma il progetto non venne approvato né dal governo né dall'imperatore. Il Parlamento venne sciolto e l'imperatore concesse una Costituzione preparata dai suoi tecnici il 4 marzo 1849. In questa Costituzione tutti i paesi erano messi sullo stesso piano e ridotti al livello di circoscrizioni amministrative, mentre tutte le nazionalità godevano di uguali diritti. Il potere esecutivo restava all'imperatore, che nominava i ministri, i governatori delle province e i funzionari.

La Costituzione venne concessa dal nuovo imperatore Francesco Giuseppe, in favore del quale Ferdinando I aveva abdicato il 2 dicembre 1848.

Francesco Giuseppe era nato nel 1830 e salì al trono il 2 dicembre 1848. Morto nel 1916, ebbe uno dei regni più lunghi della storia, e per questo si è creata una sorta di identificazione tra la sua persona e

Spesso i profughi inviavano a famigliari e amici delle fotografie come cartoline. In questa foto-cartolina è ritratta parte della famiglia Boller profuga in Moravia. Dietro, in piedi, l'interprete. Si noti l'assenza degli uomini, impegnati al fronte.

la storia recente dell'impero asburgico. Poiché inoltre il suo periodo di regno coincise con un periodo di crescita economica, sociale e culturale, il suo ricordo è spesso legato a forme nostalgiche.

Uomo elegante e di bell'aspetto, dalle maniere impeccabili, si considerava il primo servitore dello stato, al quale si dedicava dall'alba al tramonto. Aveva abitudini che lo rendevano molto amato dalla popolazione: amava la caccia, le montagne e la natura, e passava l'estate nella località termale di Bad Ischl, nell'Alta Austria, in una villa modesta, indossando gli abiti tradizionali e passando intere giornate nei boschi coi suoi guardiacaccia. Profondamente cattolico, rispettò sempre le altre confessioni e la laicità dello stato, mostrandosi benevolo anche nei confronti degli ebrei. Era devoto e praticante, legato particolarmente al culto mariano e del Santo Sacramento. Amava molto il cerimoniale e l'etichetta, che stemperava con una naturale bonomia. La sua corte era al centro della vita mondana, ma senza eccessi. Il suo conservatorismo tuttavia, e anche il confronto con le figure brillanti della madre Sofia e poi della moglie Elisabetta, contribuirono a cucirgli addosso l'immagine di burocrate scialbo. Anche le sue qualità di stratega vennero considerate da tutti mediocri, dopo il 1859 e la battaglia di Solferino. Egli infatti, contrariamente alle tradizioni asburgiche, aveva preso il comando dell'esercito in prima persona, subendo una dura sconfitta.

L'esercito aveva del resto un rapporto privilegiato con Francesco Giuseppe, che fin da giovane aveva ricevuto un'educazione militare e sognava di diventare un grande stratega. Egli vestiva abitualmente in uniforme e il suo spettacolo preferito erano le parate militari. La sua concezione dell'ufficiale però era anacronistica, perché credeva in un'etica «feudale» basata su onore, fedeltà, obbedienza, senso del dovere e devozione assoluta. Il rispetto alla lettera del regolamento e il culto del dettaglio per lui erano fondamentali.

Durante la repressione dei moti del 1848, Francesco Giuseppe si mostrò quindi particolarmente duro nei confronti dei militari ungheresi che ribellandosi avevano tradito il loro giuramento di fedeltà. Per questo nell'ottobre 1849 il conte Batthyany, già presidente del consiglio dei ministri, venne fucilato e lo stesso giorno ad Arad vennero giustiziati tredici generali ungheresi. La vedova di Batthyany maledisse l'imperatore dicendo «*Che Dio lo colpisca in tutti gli esseri che ama e in tutta la sua stirpe!*», profezia che si avverò in maniera impressionante. Molti capi politici, rifugiatisi all'estero, vennero condannati a morte in contumacia e impiccati in effigie (ossia impiccando un fantoccio che li rappresentava). Tra questi il conte Andrássy, che a questo doveva il soprannome di «bell'impiccato». L'Ungheria rimase sottoposta all'autorità militare fino al 1852.

L'imperatore era convinto che le truppe avessero salvato il suo trono, bloccando le rivolte in Italia, Praga, a Vienna e in Ungheria, e l'esercito condivideva questa convinzione. Il vecchio maresciallo Radetzky infatti così si rivolgeva ai suoi uomini: «*Quando tutto vacillava intorno all'augusto trono, voi non avete vacillato. Come le onde del mare scatenate dalla tempesta si frangono contro le rocce, il tradimento, lo spergiuro, la ribellione si sono infranti contro i vostri nobili petti*».

Un altro dei fattori unificanti dell'impero, insieme all'esercito, era la burocrazia. Essa era divisa in solo dodici livelli che andavano dai governatori delle province all'impiegato più modesto. Tutti avevano una buona conoscenza del tedesco, e anche se gli stipendi erano mediocri, la corruzione era poco diffusa, a differenza del lealismo e dell'attaccamento alla dinastia. La burocrazia fu un importante fattore nella germanizzazione della piccola borghesia nelle province, che divenne così bilingue. La carriera statale divenne un mezzo di ascesa sociale e uno sbocco per gli studenti delle facoltà di diritto.

Francesco Giuseppe si presentava come il primo soldato e il primo burocrate del suo impero, e questi erano infatti i due settori dove era maggiormente diffuso il lealismo dinastico.

Tra i sostenitori di Francesco Giuseppe c'erano poi i rappresentanti del clero cattolico. Già nel 1850 vennero infatti emanate alcune ordinanze con le quali veniva ristabilita ad esempio la corrispondenza diretta tra i vescovi e la Santa Sede, accordato alle autorità religiose il controllo sull'insegnamento primario e ricostituiti i tribunali ecclesiastici, ai quali veniva trasferita la giurisdizione sugli affari matrimoniali, come le separazioni. Il governo era anche tenuto a impedire la pubblicazione e diffusione dei libri messi all'Indice.

Il conte Leo Thun-Hohenstein, Ministro dell'istruzione e del culto, pur favorevole a queste leggi, era contrario all'intromissione della Chiesa nell'insegnamento superiore. Il conte Thun-Hohenstein aveva partecipato alla rivoluzione del 1848 cercando di formare un governo indipendente da Vienna. Si era però ben presto staccato dalle posizioni più estreme, diventando uno dei capi del partito cattolico; il suo nome infatti è legato alla stipulazione del Concordato con la Chiesa firmato il 18 agosto 1855, 25° compleanno dell'imperatore. Il conte Thun-Hohenstein credeva in un impero unificato da un sentimento patriottico comune e con questo spirito creò all'università di Vienna un istituto per la ricerca storica che si occupasse di tutto l'impero, e non solo di singole zone. Dopo il 1860 tuttavia egli prese nuovamente le distanze dal governo, schierandosi a favore di un sistema federalista.

Ben presto i vecchi ceti privilegiati, ossia il clero e l'aristocrazia, capirono di essere i veri sconfitti della rivoluzione del 1848, perché avevano perso tutti i poteri amministrativi e politici a vantaggio della burocrazia. Nel corso dell'800 vi fu un costante declino dell'aristocrazia nell'alta amministrazione e nell'esercito. In compenso, nello stesso periodo vennero nobilitati 2.157 funzionari e il doppio di ufficiali di carriera. Solo all'interno della diplomazia l'aristocrazia mantenne il suo ruolo (il figlio di Metternich era ambasciatore a Parigi, il conte Trauttmansdorff a Roma), perché l'indennità di carica era insufficiente per chi non avesse un ricco patrimonio e l'accesso ai salotti più importanti. Gli aristocratici seppero tuttavia adeguarsi e diversificare le loro attività. Investirono le indennità ricevute in occasione dell'abolizione dei diritti signorili nell'industria, nelle banche e nelle ferrovie. In Boemia, il 45 % delle fabbriche di birra era di proprietà nobiliare.

Francesco Giuseppe era convinto che il sistema costituzionale su modello inglese o francese fosse inapplicabile all'impero asburgico. Nella prima fase del suo governo applicò quindi un regime assolutista. Nell'agosto 1851 sospese la Costituzione concessa nel 1849 e in dicembre la abrogò. Durante il suo governo si possono quindi identificare una prima fase assolutista: 1852–1860, un esperimento federalista: 1860–1861, un ritorno al centralismo: 1861–1867, la fase dualista: 1867–1916.

Durante la guerra di Crimea, combattuta nel 1853–1856 dalla Russia contro Inghilterra e Francia, Francesco Giuseppe rimase neutrale. Questo portò all'isolamento diplomatico e alla rottura dei rapporti con la Russia, che durante i moti del 1848 era invece intervenuta a sostegno degli Asburgo.

Negli stessi anni venne applicata una politica centralizzatrice[7]: era necessario soprattutto che tutti conoscessero almeno i rudimenti del tedesco, perciò l'insegnamento primario divenne bilingue e nei licei aumentò il peso del tedesco. Anche le università vennero «germanizzate», ad eccezione di quelle del Lombardo-Veneto. L'Ungheria manifestò una forte opposizione a questa politica, anche se il malcontento sfociò raramente in azioni violente come l'attentato a Francesco Giuseppe del 1853.[8]

Il sistema centralistico infatti non venne seriamente messo in discussione fino alla guerra del 1859 con la Francia, nel corso della quale l'Austria perse la Lombardia. La battaglia decisiva fu quella di Solferino, una vera disfatta: i franco-piemontesi persero 17.000 uomini, gli austriaci 22.000, i feriti furono così tanti che lo svizzero Henri Dunant riuscì a far adottare la «Prima convenzione di Ginevra», dalla quale nel 1864 nacque la Croce Rossa.

Nel Lombardo-Veneto l'antipatia verso il regime asburgico era molto forte. Non era servita nemmeno la nomina nel 1857 a governatore dell'arciduca Massimiliano, fratello minore di Francesco Giuseppe, nonostante il suo atteggiamento conciliante.

L'armistizio di Villafranca dell'11 luglio 1859 aveva dunque segnato la perdita della Lombardia e dei ducati di Modena e Toscana. Lo smacco portò a un cambiamento di rotta e quindi nell'ottobre 1860 venne emanato un diploma, una legge costituzionale con cui venivano riportate in vita le vecchie leggi. Si affidava così il potere legislativo alle antiche Diete provinciali, tra le quali quella d'Ungheria, che ottenne poteri più ampi delle altre. L'«*Oktoberdiplom*» (diploma di ottobre) era quindi una legge costituzionale concessa dopo dodici anni di regime assolutista, per regolare la questione delle nazionalità dopo la sconfitta di Solferino; ristabilendo le vecchie Diete era una concessione all'aristocrazia, che così riguadagnava parte del potere politico perso nel 1848.

Si tentava quindi una soluzione federale, ma già pochi mesi dopo, nel febbraio 1861, a causa dell'opposizione delle classi dirigenti tedesche e ungheresi si tornò ad un governo centralizzato, con l'emanazione di una patente. Questa «*Februarpatent*» (patente di febbraio) segnava un ritorno al centralismo, anche se controllato da assemblee parlamentari.

Il sistema elettorale censitario garantiva il voto solo a chi pagava almeno 10 fiorini di tasse, mentre i parlamentari del «*Reichsrat*» (Parlamento centrale di Vienna) erano scelti tra i membri delle Diete provinciali. Le Diete venivano elette come da tradizione sulla base di quattro curie elettorali: i grandi proprietari nobili, le città, le corporazioni e le comunità rurali.

Il Parlamento centrale era composto da due Camere: una generale, dove si trattavano gli affari comuni a tutta la monarchia, e una ristretta, per i soli affari ungheresi. Si prospettava già quindi la soluzione dualistica, applicata pienamente nel 1867.

Questa legge tuttavia incontrò l'opposizione di diverse nazionalità: i cechi, i croati e gli ungheresi si rifiutavano infatti di partecipare al Parlamento centrale. Il gruppo ungherese era guidato da Gyula Andrássy, nato nel 1813 in una famiglia di sentimenti liberali e nazionali. Si era legato presto a Kossuth, di cui condivideva le tendenze radicali. Dopo il 1848 e l'esperienza dell'esilio, si era però convinto della necessità per l'Ungheria di rimanere legata all'Europa occidentale tramite la monarchia asburgica. Condannato a morte in contumacia per il suo ruolo nella rivoluzione del 1848, venne graziato nel 1858 e poté rientrare in patria, dove svolse un'attività politica di primo piano. Sostenuto dall'imperatrice Elisabetta, ammiratrice di tutto ciò che era ungherese, entrò in confidenza con Francesco Giuseppe, che gli affidò importanti incarichi di governo.

La patente del febbraio 1861 venne sospesa nel settembre 1865, mettendo fine all'esperimento di una monarchia centralizzata con un

Parlamento centrale, al quale in realtà diversi popoli non avevano mai inviato dei rappresentanti.

Era necessario un compromesso con gli ungheresi, che non avevano ancora accettato formalmente Francesco Giuseppe come loro sovrano, concedendogli di essere incoronato a Budapest con la corona di Santo Stefano.

Le trattative vennero segnate da una nuova sconfitta militare: la sconfitta di Sadowa nel 1866 ad opera dei prussiani, che segnava un nuovo arretramento asburgico dai territori tedeschi e da quelli italiani, con la perdita del Veneto[9]. Il conflitto del 1866 fu una guerra-lampo durata poche settimane. In seguito ad essa sparì anche la Confederazione germanica fondata dal Congresso di Vienna.

Durante la guerra del 1866 vi furono tre teatri d'operazione secondari, i cui risultati non ebbero nessuna influenza sull'esito del conflitto: la Germania, il Veneto e l'Adriatico. Tutto infatti venne deciso nella campagna di Boemia e in particolare nella battaglia di Sadowa, combattuta il 3 luglio 1866.

Per quanto riguarda il fronte italiano, l'armata italiana contava 200.000 uomini contro i 140.000 austriaci, la metà dei quali era bloccata dentro il quadrilatero formato dalle fortezze di Mantova, Verona, Peschiera e Legnago. Il 24 giugno 1866 però l'armata italiana comandata da La Marmora venne battuta a Custoza dall'armata agli ordini dell'arciduca Alberto d'Asburgo[10]. Ancora più umiliante per il giovane Regno d'Italia fu il disastro navale di Lissa, avvenuto il 20 luglio 1866 dopo un tentativo di sbarco sull'isola omonima, vicino alla costa dalmata.

Dopo la sconfitta di Sadowa il clima si fece molto pesante. Treni di feriti arrivavano ogni giorno a Vienna e anche l'imperatrice Elisabetta era impegnata senza sosta negli ospedali militari.[11] Francesco Giuseppe era diventato impopolare e molti suggerivano che abdicasse lasciando il trono al fratello Massimiliano, che nel frattempo era diventato imperatore del Messico.

Dopo luglio si iniziò a temere una grande battaglia alle porte di Vienna. Si diffuse il panico: i ricchi abbandonarono la capitale e il governo si rifugiò a Budapest. L'imperatrice Elisabetta cercò inutilmente di convincere il marito a nominare Andrássy Ministro degli esteri, per ottenere l'appoggio dei liberali ungheresi.

Francesco Giuseppe tuttavia, pur pervaso di spirito militare, detestava versare il sangue dei suoi soldati. Questo sentimento, unito alla situazione anche finanziariamente difficile, lo spinse a cessare le ostilità e a cercare un accordo. La Prussia risultava così vincitrice sotto tutti gli aspetti, ricevendo tra l'altro un'indennità di guerra e annettendo diversi territori.

La sconfitta rese gli ungheresi più forti sul piano contrattuale, danneggiando indirettamente le altre nazionalità, considerate «minori». Così si arrivò al compromesso del 1867. Nel 1867 infatti Francesco Giuseppe divise l'impero in due aree con parità di diritti, una in cui prevaleva la componente tedesca, una controllata dagli ungheresi.

Il palazzo delle Poste a Trento all'inizio del '900, prima che venisse sostituito in epoca fascista dall'edificio attuale.

Avvenimenti 1867-1914

L'«*Ausgleich*» (Compromesso) del 1867 non era un accordo concluso fra tutti i rappresentanti della monarchia, ma solo tra Francesco Giuseppe e i capi magiari, tra la dinastia asburgica e la nazione ungherese.[12] Esso assegnava pari sovranità a entrambi gli stati, uniti sotto un unico sovrano, riconosciuto imperatore in Austria e re in Ungheria. In comune restavano oltre al sovrano solo i tre Ministri per gli Affari esteri, la Difesa e le Finanze, nominati dall'imperatore. Nessuno dei due stati godeva della piena sovranità, come sarebbe accaduto in una confederazione, ma non era neanche sottoposto al controllo altrui, come in un organismo federativo. Questo era effettivamente l'impero austro-ungarico (con la sigla K.u.K.), formato

Una cartolina di Bosentino col timbro della Lega Nazionale, che qui aveva una diramazione.

dalle due parti dell'impero divise dal fiume Leitha: la Cisleitania ad ovest (che includeva il Tirolo) e la Transleitania ad est.

Francesco Giuseppe venne quindi incoronato re d'Ungheria a Budapest e confermò l'esistenza di un Parlamento ungherese composto di due Camere (una alta detta «dei magnati» e una bassa). In questo Parlamento la nazionalità ungherese fu sempre quella dominante: nel 1910 gli ungheresi avevano 405 parlamentari, i rumeni 5 e gli slovacchi 3. Lo stato ungherese recuperava anche tutte le sue province: Transilvania, Croazia, Slavonia.

Al Compromesso era abbinata una Costituzione, emanata il 21 dicembre 1867. Essa aveva due versioni: quella per la Cisleitania e quella per la Transleitania. Le due parti dell'impero erano quindi rette da leggi differenti.

Nella Cisleitania il Parlamento era formato da due Camere: una alta, la Camera dei signori *(«Herrenhaus»)* composta da aristocratici nominati dall'imperatore, e una Camera bassa *(«Reichsrat»)* i cui deputati sarebbero stati scelti tra quelli eletti nelle Diete provinciali.[13]

Il diritto di voto venne esteso per tappe tra il 1867 e il 1906. In origine gli elettori erano selezionati per censo (dovevano pagare almeno 10 fiorini di tasse) e divisi in quattro curie (grandi proprietari terrieri, città, camere di commercio e comuni rurali) che rappresentavano il 60 % degli uomini maggiorenni. Nel 1882 il censo venne abbassato da 10 a 5 fiorini e nel 1897 il diritto elettorale venne allargato creando una quinta curia, nella quale potevano votare tutti gli uomini sopra i 24 anni.[14] Francesco Giuseppe era favorevole al suffragio universale maschile (sopra i 24 anni), che venne introdotto nel gennaio 1907.[15] Nella Transleitania invece il suffragio universale maschile venne concesso solo nel 1918, a causa dell'opposizione della classe dirigente ungherese.

La creazione delle due Camere non significava tuttavia che la Cisleitania fosse retta da un sistema parlamentare, perché il governo non era responsabile davanti al Parlamento, ma davanti all'imperatore, che nominava i ministri e il Presidente del Consiglio senza tener conto di quale schieramento avesse ottenuto la maggioranza dei voti.

I lavori del Parlamento erano complicati dalla compresenza di varie nazionalità, che spesso avevano obiettivi diversi, ma anche dalla difficoltà pratica di gestire dibattiti che si tenevano in più di dieci lingue. Dopo la legge del 1907, il «*Reichsrat*» della Cisleitania aveva 516 deputati, dei quali 232 austro-tedeschi e 107 cechi; gli altri 177 erano divisi tra polacchi, sloveni, ucraini, italiani, croati, serbi.

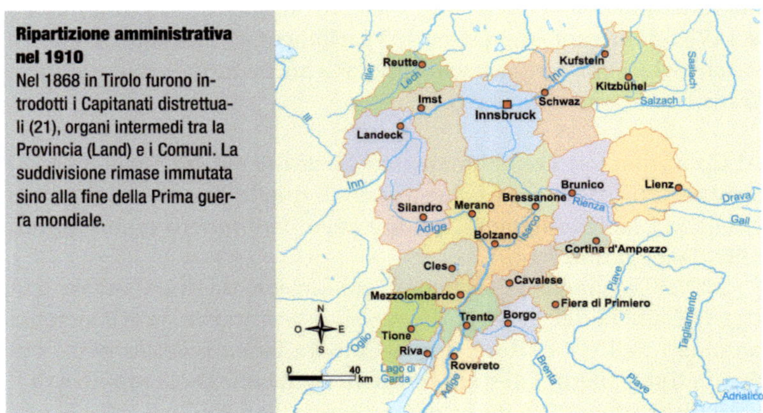

Ripartizione amministrativa nel 1910
Nel 1868 in Tirolo furono introdotti i Capitanati distrettuali (21), organi intermedi tra la Provincia (Land) e i Comuni. La suddivisione rimase immutata sino alla fine della Prima guerra mondiale.

La Costituzione del 1867 confermava i diritti fondamentali del cittadino: eguaglianza di fronte alla legge, libertà di coscienza e diritto di proprietà. Nella versione per la Cisleitania inoltre l'articolo 19 riconosceva espressamente l'eguaglianza di tutti i gruppi etnico-linguistici e il diritto a utilizzare la propria lingua madre. Purtroppo non definiva in maniera inequivocabile le caratteristiche identificative dei gruppi etnico-linguistici, rendendo possibili interpretazioni diverse.

A partire dal 1868, col nuovo capo del governo Karl Auersperg si cominciarono a smantellare i diritti che la Chiesa cattolica aveva ottenuto con il Concordato del 1855. Venne quindi autorizzato il matrimonio civile e furono approvate nuove leggi scolastiche in base alle quali il controllo sull'istruzione tornava allo stato, istituendo una scuola elementare della durata di otto anni, obbligatoria e laica, anche se i locali delle scuole restavano a disposizione per l'insegnamento del catechismo da parte dei parroci.

Il governo Auersperg fece anche alcune concessioni ai polacchi della Galizia (ad esempio l'avere professori esclusivamente polacchi nelle loro università e appoggi per la ricerca storica) che ne garantirono la fedeltà. Questo anche perché il governo aveva bisogno del loro appoggio per ottenere la maggioranza in Parlamento.

Nel 1868 fu necessario concludere anche un compromesso ungaro-croato, che garantiva ai croati una certa autonomia. Poiché tuttavia il capo del governo croato, il «*bano*», veniva eletto dal Parlamento ungherese, i magiari continuarono a controllare la vita politica croata. Nel 1873 perciò si formò un partito irredentista che chiedeva il distacco dalla monarchia e la formazione di uno stato degli slavi del sud: la Jugoslavia. Tra i sostenitori di questo progetto c'era anche l'arciduca ed erede al trono Francesco Ferdinando.

Dal 1866 al 1870 si ebbe un riavvicinamento franco-austriaco. Già nel dicembre 1866 venne stipulato un trattato di commercio franco-austriaco, ma il riavvicinamento venne sancito simbolicamente da una visita di condoglianze in occasione della tragica morte dell'arciduca Massimiliano in Messico.[16]

Nell'ottobre del 1867 inoltre Francesco Giuseppe si recò a Parigi per visitare l'Esposizione universale. Fu la sua sola visita ufficiale in Francia, ma i parigini ebbero modo di apprezzarne la cortesia, l'eleganza e i modi, che lo resero molto popolare presso i francesi fino all'inizio della guerra nel 1914.

Contando sull'appoggio di Francesco Giuseppe, nel 1870 la Francia dichiarò guerra alla Prussia, certa che la neutralità austriaca sarebbe stata temporanea. L'imperialismo prussiano era in effetti un nemico comune, e Francesco Giuseppe aveva molta fiducia nell'esercito francese, che aveva già visto all'opera una decina di anni prima. Dopo le prime sconfitte subite dai francesi, tuttavia, preferì non scendere in campo e mantenersi neutrale. La Francia venne duramente sconfitta e il 18 gennaio 1871 nacque l'Impero germanico.

Fu un evento molto importante; con la creazione dell'impero tedesco infatti il nazionalismo tedesco acquisì nuovi obbiettivi e una diversa colorazione. All'interno dell'impero germanico esisteva l'*«Alldeutscher Verband»* (Lega pangermanista) fondata nel 1890 per favorire gli interessi economici coloniali della Germania. Presto però essa estese la sua attività sviluppando la propaganda patriottica, esaltando la grandezza dell'impero, rafforzando la solidarietà coi tedeschi all'estero. Soprattutto, essa sosteneva una politica estera aggressiva: si passò così dal nazionalismo all'imperialismo e progressivamente la Lega divenne anche razzista e antisemita.

Nell'impero austro-ungarico il pangermanesimo interessò inizialmente solo una piccola minoranza di tedeschi dei territori austriaci. Il movimento era dominato da Georg von Schönerer, antisemita[17], figlio di un industriale nobilitato, il quale avrebbe voluto che la parte tedesca della monarchia si staccasse e si unisse all'impero germanico.

Poche settimane dopo la nascita del *«Deutsches Reich»* (Impero germanico), nel febbraio 1871, Francesco Giuseppe cambiò il capo del governo scegliendo il conservatore conte Hohenwart. Si trattava di una nuova svolta in senso federalista per arrivare ad un compromesso coi boemi simile a quello con gli ungheresi, il che avrebbe reso triplice la duplice monarchia. Gli ungheresi tuttavia si opposero con forza, tanto che nell'ottobre 1871 Francesco Giuseppe fu costretto a proporre ai boemi un compromesso dalle condizioni per loro inaccettabili ed il progetto sfumò.

Nel 1873 la rapida crescita economica venne bloccata dal crac della Borsa di Vienna. Questo segnò anche il declino delle forze liberali e la crescita di partiti più estremisti come quello, antisemita, del sindaco di Vienna Karl Lüger. Per quattro volte, dal 1895 al 1897, Francesco Giuseppe si rifiutò di ratificare la sua elezione; i suoi risultati elettorali erano tuttavia tali, che l'imperatore infine dovette cedere e Lüger rimase sindaco fino alla sua morte nel 1910. L'antisemitismo di Lüger tuttavia era soprattutto una tattica elettorale di facciata.

Dal 1871 al 1879 il responsabile della politica estera asburgica fu il conte ungherese Andrássy, che nel 1878, durante il Congresso di Berlino, riuscì a far ottenere all'impero il protettorato sulla Bosnia-Erzegovina.

Nel 1879 inoltre Andrássy fece stringere all'impero asburgico un'alleanza con l'impero tedesco (Duplice Alleanza). Nel 1882 si aggiunse anche il Regno d'Italia (Triplice alleanza) e in seguito si aggiunsero anche la Turchia e la Bulgaria.[18]

Nel 1878, nel Congresso di Berlino, l'impero austro-ungarico aveva dunque ottenuto il diritto di occupare la Bosnia-Erzegovina, mentre la Russia, pur vittoriosa, aveva dovuto evacuare i territori conquistati. In un'epoca in cui tutte le grandi potenze cercavano di conquistare delle colonie, anche l'impero austro-ungarico ampliava la sua zona di influenza. La Bosnia-Erzegovina tuttavia era abitata da serbi ortodossi e da slavi convertiti all'Islam. Il regno di Serbia era interessato ad annettersela, e questo creò delle tensioni con l'impero. Fino al 1878 infatti i rapporti tra l'impero austro-ungarico e la Serbia erano stati buoni, mentre dopo i serbi considerarono l'impero il principale ostacolo alla realizzazione delle loro aspirazioni nazionali.

Nel 1881 il re Milan di Serbia accettò però di stringere un accordo commerciale valido per dieci anni. Questo trattato faceva della Serbia uno stato satellite dell'Austria, in senso sia economico che politico. L'accordo con la Serbia tuttavia era instabile, visto che era stato stretto solo col re Milan e non era sentito dalla popolazione. Oltretutto lo stesso re Milan era instabile, visto che nel 1889 abdicò lasciando il trono al figlio tredicenne. La situazione si complicò definitivamente quando nel 1903 la famiglia reale serba fu assassinata e venne sostituita da una dinastia ostile agli Asburgo.

Per trent'anni quindi Francesco Giuseppe amministrò la Bosnia-Erzegovina senza annetterla; poi, nel 1908, giubileo dei suoi sessant'anni di regno, il Ministro degli Affari esteri annunciò l'annessione, innescando il conflitto con la Serbia e la Russia, sua protettrice. Questo gesto era stato motivato dallo scoppio nel 1908 della rivoluzione dei Giovani Turchi, che aveva portato a una rinascita del nazionalismo turco e della minaccia espansionistica.

In questa crisi si inseriva la figura dell'arciduca ed erede al trono Francesco Ferdinando, che voleva la creazione di uno stato slavo federato per togliere peso alla componente ungherese. Questo non piaceva ai nazionalisti serbi, perché tale soluzione avrebbe fatto cessare le rivendicazioni per la formazione di uno stato slavo esterno all'impero austro-ungarico.

Si arrivò così all'attentato di Sarajevo organizzato dai nazionalisti serbi il 28 giugno 1914, in cui Francesco Ferdinando morì.

La gestione delle diverse nazionalità all'interno dell'impero diventava nel frattempo sempre più difficile, perché non si riusciva a trovare un sistema di governo che conciliasse il rispetto delle identità locali con le necessità amministrative, che esigevano uniformità.

Nella parte orientale dell'impero il Parlamento, dominato dagli ungheresi, impose una politica di magiarizzazione; nel 1879 quindi l'insegnamento dell'ungherese divenne obbligatorio in tutte le scuole della Transleitania, anche nei distretti dove abitavano in maggioranza slavi e romeni. L'insegnamento dell'ungherese nel 1891 venne reso obbligatorio anche nelle scuole materne.

Nel 1882 invece il capo del governo cisleitanico Taaffe[19] aveva varato alcune misure favorevoli ai cechi: l'amministrazione sarebbe stata ovunque bilingue, anche nei distretti a maggioranza tedescofona. I tedeschi però si rifiutavano di imparare il ceco e quindi il decreto favoriva i cechi, cui si aprivano le carriere amministrative. Nel 1897 perciò quando il nuovo capo del governo, il conte Badeni, impose ai funzionari tedescofoni di dimostrare la loro conoscenza del ceco, si giunse a una vera crisi di governo.

Nel 1905 in Moravia si riuscì a trovare un compromesso: ogni individuo avrebbe dichiarato a quale gruppo apparteneva e quindi l'amministrazione non si sarebbe più basata sui distretti territoriali, ma sui gruppi etnici. Questo accordo ebbe risultati soddisfacenti e nel 1910 una legge simile risolse i conflitti in Bucovina, dove vivevano sei nazionalità diverse, nessuna delle quali predominante.

Il censimento del 1910 (i censimenti venivano tenuti regolarmente ogni dieci anni) registrò una popolazione di 51.390.000 abitanti nell'impero così ripartiti: 28.572.000 in Cisleitania, 20.886.000 in Transleitania, 1.932.000 in Bosnia-Erzegovina. Il 47 % di loro parlava una lingua slava, il 24 % parlava tedesco, il 2 % parlava italiano.[20]

Nell'impero esisteva anche una forte minoranza ebrea: poco meno del 5 % sulla popolazione totale, ma in realtà quasi il 10 % nella città di

Vienna, dove moltissime famiglie di origine ebraica si erano stabilite e avevano fatto fortuna.

Il censimento del 1910 quindi prevedeva che ogni cittadino dichiarasse volontariamente la propria nazionalità, distinguendo 12 gruppi. Un abitante su cinque si dichiarò tedesco, un altro su cinque ungherese. Ciò significa che il 60 % della popolazione era composto da altre nazionalità.

La questione non era tanto etnica, quanto culturale: una nazionalità si distingueva dalle altre per lingua e tradizioni. Da secoli ogni gruppo linguistico aveva a disposizione testi scritti nella propria lingua: la Bibbia, catechismi, inni, letteratura popolare, cui nell'800 si aggiunsero i testi prodotti nell'ambito del cosiddetto «risveglio nazionale».[21]

Ogni nazionalità si trovava a uno stadio differente di sviluppo politico, economico e culturale, ed aveva quindi problemi ed esigenze particolari. La questione si fece politica quando la crescita economica fece nascere nuove classi dirigenti, che reclamavano un proprio spazio politico. Furono queste rivendicazioni, unite a quelle di stampo liberale, a portare alla ribalta dopo il 1848 la questione delle nazionalità.

Si chiedeva tuttavia di partecipare al governo dell'impero, non di staccarsene. L'opposizione dei Giovani cechi ad esempio, che pure divenne sempre più marcata dopo il 1871, quando saltò il compromesso boemo, non aveva scopi secessionisti.

Molti storici concordano sul fatto che nessuna nazionalità desiderava distruggere la monarchia o staccarsene, anche se esistevano dei movimenti irredentisti, ossia dei piccoli gruppi di persone che agivano per staccarsi dall'impero ed entrare a far parte di un altro stato composto da persone della loro stessa nazionalità. Questi movimenti riguardavano gruppi di italiani, rumeni, serbi e anche di tedeschi dei Sudeti.

Gli italiani erano il gruppo nazionale più piccolo, solo 770.000 persone nel 1910. Erano concentrati nell'attuale Trentino e sul Litorale che comprendeva tre province: Gorizia-Gradisca, Trieste e l'Istria. L'esistenza di uno stato italiano dopo il 1861 fece nascere gruppi irredentisti, ma in realtà non c'era collaborazione nemmeno tra trentini e triestini. Nell'attuale Trentino si reclamava una Dieta separata da quella di Innsbruck, mentre nel Litorale gli italiani erano in minoranza rispetto agli slavi, ma avevano una posizione socialmente ed economicamente dominante. Rispetto al loro numero, gli italiani nell'impero erano una nazionalità privilegiata, e dopo la concessione del suffragio universale maschile nel 1907 si trovarono ad avere un rapporto tra rappresentanti parlamentari e consistenza numerica superiore a quello di tutti gli altri gruppi etnici.

In questa fotografia del comando italiano destinata alla stampa, subito dopo l'entrata delle truppe italiane a Trento i soldati austroungarici catturati vengono fatti sfilare sotto la statua di Dante per poi essere condotti nei campi di concentramento e prigionia.

Il periodo 1867–1914 fu quindi nel complesso positivo: la monarchia aveva un regime costituzionale e si era molto modernizzata. La stampa e le elezioni erano libere, si era arrivati al suffragio universale in Cisleitania e riguardo alla questione delle nazionalità erano stati raggiunti dei compromessi. Il pericolo per la monarchia non veniva perciò dalle tensioni interne, quanto dalla politica internazionale: dalle sue ambizioni balcaniche e dall'alleanza tedesca. Per più di quarant'anni, Francesco Giuseppe aveva cercato in ogni modo di evitare l'entrata in guerra del suo impero e i risultati di questa politica erano evidenti. Perché quindi un sovrano così saggio da non volersi prendere una rivincita attaccando la Prussia nel 1870 era diventato così temerario nel 1914 da scatenare una guerra per vendicare un nipote che tra l'altro detestava cordialmente?

Avvenimenti 1914–1918

Dopo l'assassinio del nipote infatti, Francesco Giuseppe si lasciò convincere che questo attacco diretto alla dinastia non poteva essere lasciato impunito. Egli dettò quindi un lungo proclama rivolto ai suoi popoli in cui spiegava che l'onore della monarchia doveva essere difeso con le armi.

Una guerra «preventiva» contro la Serbia era del resto già stata chiesta da più parti: si è calcolato che il capo di Stato maggiore Franz Conrad von Hötzendorf avesse sollecitato ufficialmente la guerra contro la Serbia almeno 25 volte nel biennio 1913/14. Si era certi infatti che un tale conflitto sarebbe stato rapido e poco impegnativo.

La realtà però fu ben diversa e la fame e la miseria provocate dal conflitto fecero esplodere l'impero austro-ungarico ben più della questione delle nazionalità, che interessava soprattutto intellettuali e uomini politici.

La monarchia infatti era unita, anche se da elementi ormai datati: la dinastia, la burocrazia, l'esercito e la Chiesa cattolica. Tuttavia,

Il fronte tirolese (1915–1918)
La linea del fronte tirolese era suddivisa in cinque settori (Rayons).

trattandosi di una società ancora in gran parte rurale, questi elementi avevano una forte importanza. Come negli altri stati coinvolti quindi, allo scoppio della guerra vi fu un generale entusiasmo e tutte le nazionalità si dimostrarono fedeli alla monarchia.

La burocrazia era composta da persone di diverse nazionalità; a Vienna il personale ministeriale era composto al 76 % da tedeschi e al 24 % da persone di altra nazionalità, ma nei vari distretti era la nazionalità localmente dominante ad occupare la maggior parte dei posti. In Boemia, ad esempio, nel 1914 il 94,54 % dei funzionari era di nazionalità ceca e il 5,46 % tedesca.

Il castello di Pergine, «ultimo baluardo del germanesimo», come lo definivano i pangermanisti.

L'esercito, così amato dall'imperatore, aveva un grande prestigio sociale. Esso poteva contare all'inizio della guerra su 60 divisioni di fanteria e 11 di cavalleria. Gli alleati pensavano che le truppe dei riservisti, composte soprattutto da slavi, avrebbero disertato o si sarebbero imboscate, ma ciò non avvenne.

Malgrado la famosa diserzione del 28° reggimento di fanteria di Praga infatti, vi furono meno disertori nell'esercito austro-ungarico che in quello tedesco (alsaziani e polacchi), a differenza di quanto accadde nelle armate russe e francesi. Questo si spiega con le tradizioni di disciplina e con le qualità umane dei comandanti, sempre attenti al morale delle truppe.

I trentini che disertarono arruolandosi dopo il 1915 nell'esercito italiano furono circa 800. Quelli che combatterono regolarmente nell'esercito austro-ungarico furono circa 70.000.

Nonostante la riduzione del servizio militare a due anni adottata nel 1912, la fanteria era ben istruita, ma insufficientemente equipaggiata di armamento moderno, in particolare di mitragliatrici. Anche l'artiglieria era mediocre, in particolare quella di campagna. Solo l'artiglieria pesante, prodotta nelle fabbriche Škoda, era superiore a quella degli altri eserciti. La cavalleria, ben organizzata, aveva solide tradizioni (come gli ussari ungheresi o i lancieri polacchi), ma era ormai superata. Le truppe migliori erano rappresentate dai battaglioni di «*Kaiserjägern*» (Cacciatori imperiali).

L'impero aveva anche una potente marina militare. Oltre alla tradizionale flottiglia del Danubio, aveva sviluppato una flotta d'alto mare che stazzava 264.000 tonnellate. C'erano 11 corazzate, 55 torpediniere e 6 sottomarini. Con basi sulla costa dalmata (Pola e Kotor), imbarcava equipaggi in maggioranza croati con ufficiali di tutte le nazionalità.

Il capo di stato maggiore von Hötzendorf, ampiamente criticato, alla luce dei fatti appare invece un comandante di valore. Egli aveva favorito anche lo sviluppo dell'areonautica, che nell'impero austro-ungarico era più avanzata che in quello prussiano.

L'Austria-Ungheria però poteva mettere realmente in campo solo 48 divisioni di fanteria, rispetto alle 93 russe e alle 88 francesi.

Il piano di von Hötzendorf era quindi di travolgere per prima la Serbia con un'azione rapidissima, per poi puntare contro la Russia. Ma non fu in grado di spostare abbastanza rapidamente le truppe necessarie, col risultato che nei primi mesi del conflitto gli austriaci subirono una serie di sconfitte e grosse perdite. Nei primi sei mesi persero circa 750 mila uomini. In un'unica giornata nel marzo 1915, quando la fortezza di Premysl cadde in mano russa, vennero catturati 120.000 soldati.

L'esercito tuttavia si riprese rapidamente, diventando nel 1916 più temibile di quanto non fosse all'inizio del conflitto. Già nella primavera del 1915 infatti le forze congiunte austro-tedesche avevano scacciato i russi dalla Galizia e conquistato buona parte della Polonia. Alla fine dell'anno avevano occupato Serbia e Montenegro. E dal maggio 1915 al settembre 1917 le truppe austriache impegnarono quelle italiane in 12 battaglie lungo il fiume Isonzo, travolgendole infine a Caporetto. La Romania entrò in guerra a fianco dell'Intesa, ma venne ben presto sconfitta dalla controffensiva austro-tedesca. Alla fine del 1916 quindi gli eserciti austro-tedeschi controllavano diversi nuovi territori e sembravano trovarsi in una posizione vantaggiosa.

In realtà però l'Austria-Ungheria iniziava a cedere e a cercare di concludere un armistizio, anche separato.

Nella prima metà del periodo bellico infatti il sentimento generale delle varie nazionalità era stato di lealtà, ma tra due gruppi, cioè fra i cechi e gli slavi del sud, la disaffezione si era fatta via via più evidente. Gli ultimi due anni di guerra perciò si rivelarono cruciali per il destino della monarchia asburgica.

Il crollo finale venne facilitato da una serie di eventi esterni, come la rivoluzione russa del 1917, l'ingresso nel conflitto degli Stati Uniti nell'aprile 1917 e la sconfitta militare della Germania nel 1918. La monarchia asburgica fungeva da protezione per le altre potenze sia rispetto all'imperialismo zarista che a quello tedesco. Venute a mancare queste due minacce, cessava anche la ragione di esistere della monarchia asburgica.

A questi si aggiunsero fattori interni, come la sospensione dell'attività parlamentare a partire dal marzo 1914 e la morte di Francesco Giuseppe il 21 novembre 1916. Una conseguenza della chiusura del Parlamento furono tensioni interne, sfociate nell'assassinio del primo ministro Stürgkh nell'ottobre 1916 da parte del figlio di Viktor Adler. Nell'inverno del 1917–1918 infine si registrarono una forte carestia e una serie di scioperi, che facevano temere lo scoppio di una rivoluzione su modello di quella russa.

L'esercito imperiale fu impegnato su tre fronti principali: quello dei Balcani (Serbia, Romania, Macedonia), quello russo (Ucraina), e dal 1915 quello italiano, quando il governo di Roma, dopo essere rimasto neutrale, si schierò al fianco degli Alleati che, con il trattato di Londra, gli avevano promesso le terre irredente e molti altri vantaggi (Dalmazia, Tirolo ecc.).

La presenza di fronti molto distanti tra loro rese problematici gli approvvigionamenti. Il sistema ferroviario andò in crisi, tanto che circa il 40 % delle locomotive era sempre fermo per riparazioni e nel

1918, quando iniziò l'offensiva di giugno sul fronte italiano, l'esercito imperiale scarseggiava di munizioni, che non erano state consegnate.

L'immagine dell'esercito austro-ungarico tramandata dagli storici tuttavia è stata fortemente condizionata dalle violente critiche dei tedeschi nei confronti dell'alleato, cui veniva imputata la sconfitta.

L'esercito austro-ungarico aveva riportato diverse vittorie dal 1915 in poi: dopo un'offensiva riuscita in Bucovina, era giunto ad occupare completamente la Serbia e il Montenegro e l'armata serba era riuscita a sfuggire all'annientamento totale solo raggiungendo la costa, da cui era stata evacuata verso Corfù. Nel 1916 l'entrata in guerra della Romania aveva permesso all'esercito imperial-regio di ottenere nuovi successi, perché l'esercito romeno era ben equipaggiato e motivato, ma mancava di esperienza e infatti dopo la caduta di Bucarest nell'autunno del 1916 la Romania firmò un armistizio.

La guerra contro l'Italia suscitò l'entusiasmo dei tirolesi e dei croati, che manifestarono una certa bellicosità in occasione dei ripetuti e inutili attacchi alle loro postazioni da parte degli italiani. Dal giugno 1915 all'ottobre 1917 le dodici battaglie sull'Isonzo costarono infatti enormi perdite di uomini e materiali a entrambi gli schieramenti. L'ultima offensiva, iniziata il 24 ottobre 1917, si trasformò in una catastrofe per gli italiani: l'esercito imperiale varcò il Tagliamento, raggiungendo il Piave e facendo 300.000 prigionieri. La vittoria di Caporetto procurò all'esercito imperial-regio un'enorme quantità di vettovagliamenti e una grande iniezione di fiducia, mentre gli Alleati furono costretti a correre in aiuto degli italiani.

Queste vittorie, accompagnate dai successi della marina austro-ungarica sulla flotta francese, non ebbero tuttavia alcuna conseguenza importante, perché ormai la guerra era diventata una guerra di logoramento e posizione, quindi contavano solo la disponibilità di uomini e materiali, oltre alla tenuta del fronte interno.

Le reazioni dei popoli della monarchia al conflitto in ogni caso mal corrispondono a quanto raccontato dopo il 1918 da persone che ritenevano utile salire sul carro dei vincitori. Le classi dirigenti ceche in particolare hanno creato una tradizione storiografica che li presenta come patrioti e combattenti in modo ben superiore alla realtà dei fatti. All'infuori di Masaryk, che fuggì dall'Austria e combatté all'estero per creare uno stato cecoslovacco, gli altri dirigenti dei grandi partiti si accontentarono infatti di costituire un comitato segreto, la «*Mafia*».

Cartolina di propaganda bellica che ritrae lo scontro tra truppe austroungariche e truppe alpine italiane.

Bisogna evitare anche di pensare alla Vienna di fine secolo come a una capitale decadente in cui tutti avevano il presentimento della catastrofe imminente. Anche questa immagine deriva infatti da opere letterarie scritte a posteriori.

Fra gli intellettuali del tempo, alcuni erano al fronte: il poeta salisburghese Georg Trakl ad esempio, richiamato allo scoppio della guerra, era ufficiale di sanità nella sanguinosa battaglia di Grodek, in Galizia: dovette assistere da solo e senza medicine 90 feriti gravi. Traumatizzato dall'esperienza, pochi giorni dopo tentò il suicidio ma venne salvato e ricoverato nell'ospedale psichiatrico di Cracovia dove un mese dopo, nel novembre 1914, si uccise con un'overdose di cocaina.

Lo scrittore Robert Musil fu invece ufficiale sul fronte italiano in Alta Valsugana e partecipò anche alla quinta battaglia dell'Isonzo.

In seguito a ripetuti attacchi di stomatite ulcerosa venne ricoverato negli ospedali di Brunico, Innsbruck e Praga, quindi rientrò a Bolzano. Durante la permanenza sul fronte trentino (che gli valse una medaglia di bronzo) conobbe Lene Maria Lenzi, poi ritratta nella novella *«Grigia»*. Dal 1916 fu a Bolzano come redattore della *«Soldaten-Zeitung»*, rivista di propaganda per la quale scrisse diversi articoli pubblicati anonimamente.

Altri intellettuali invece non parteciparono al conflitto: Hugo von Hofmannsthal ad esempio rimase al sicuro nello stato maggiore, infatti venne richiamato come ufficiale di riserva in Istria e poi a Vienna presso l'«Archivio di guerra», da cui venne spedito in missioni diplomatico-culturali in Polonia, Svizzera e Svezia.

L'opinione pubblica si modificò radicalmente nel corso del conflitto. L'isteria collettiva dell'estate 1914 si attenuò negli anni successivi, lasciando spazio dal 1916 a richieste di pace sempre più frequenti, che si tradussero nell'avvio di negoziati. Questi vennero promossi dal nuovo imperatore, Carlo I d'Asburgo.

Nato nel 1887, Carlo fu l'ultimo Asburgo a regnare, anche se solo per due anni, dal novembre 1916 al novembre 1918. Era figlio di Ottone, detto «il bell'arciduca» e di Maria Giuseppa di Sassonia. Il padre, morto nel 1906, era famoso per la sua vita scandalosa e dissoluta, mentre la madre, molto pia, si occupava dei figli. Carlo abbracciò la vita militare, diventando ufficiale di cavalleria. Sebbene interessato ai progetti dello zio Francesco Ferdinando, si tenne a margine della vita politica, preferendo dedicarsi all'esercito e alla famiglia. Nel 1911 aveva infatti sposato la principessa Zita di Parma-Borbone, da cui ebbe sei figli. Zita morì nel 1989, il loro figlio maggiore, Otto, erede al trono, è morto nel 2011.

Anche dopo l'assassinio di Francesco Ferdinando, Carlo, pur erede designato, si tenne ai margini delle decisioni governative, partecipando invece attivamente al conflitto, prima come ufficiale di stato maggiore e poi, dal 1916, come generale di corpo d'armata. Dopo l'ascesa al trono prese personalmente il comando dell'esercito, ma gli fu impedito di intervenire sull'assetto dualistico. Il Presidente del Consiglio ungherese infatti gli impose un'incoronazione in tempi strettissimi, in modo che non si potesse mettere in discussione l'assetto statale, e gli impedì anche, come già a Francesco Giuseppe, di farsi incoronare re di Boemia nella primavera 1918. L'incoronazione di Carlo e Zita come sovrani d'Ungheria fu l'ultimo fasto della monarchia.

Carlo I ripristinò il Parlamento nel maggio 1917, ed è degno di nota che solo pochi membri invocarono la fine della monarchia. La stragrande maggioranza voleva invece una ristrutturazione su basi federali.

I rappresentanti trentini alla riapertura del Parlamento erano il liberale Valeriano Malfatti (che per un certo periodo venne confinato perché politicamente sospetto), i popolari Enrico Conci, Germano Decarli, Alcide Degasperi, don Baldassarre Delugan, don Guido de Gentili, Rodolfo Grandi e Albino Tonelli, mentre il socialista Cesare Battisti era già stato giustiziato per alto tradimento il 12 luglio 1916.

Carlo I in ogni caso era convinto che il suo stato avesse bisogno di pace e di riforme, per questo si attivò immediatamente per cercare di uscire dal conflitto, anche a costo di abbandonare l'alleato tedesco. Egli illustrò la sua strategia in un proclama scritto poco prima dell'incoronazione: «*Intendo fare tutto il possibile per bandire, nel più breve tempo, gli orrori e i sacrifici della guerra e restituire ai miei popoli le benedizioni della pace, per quanto lo permetteranno l'onore delle armi, le condizioni vitali dei miei Stati e dei loro fedeli alleati e la caparbietà dei nostri nemici [...] Intendo mantenere le libertà costituzionali e gli altri diritti, e vigilare con attenzione sull'eguaglianza giuridica di tutti. Animato da un amore profondo per i miei popoli, intendo consacrare la mia vita e tutte le mie forze a questo alto compito*».

Pur di uscire dalla guerra, egli si impegnò all'inizio del 1917 ad appoggiare le rivendicazioni francesi sull'Alsazia e la Lorena, a danno dell'alleato tedesco. Le negoziazioni tuttavia fallirono soprattutto a causa dell'Italia, che avrebbe ottenuto solo il Trentino.

Cercò poi di avviare negoziati di pace con la mediazione del re di Spagna, rimasto neutrale, della Santa Sede tramite papa Benedetto XV e della regina Elisabetta del Belgio, nata Wittelsbach. Ma tutti questi sforzi non diedero i risultati sperati.

Nel corso dell'estate 1917 nuovi tentativi portarono alla negoziazione Armand-Revertera in Svizzera. I negoziati si protrassero con l'accordo di Clemenceau, nuovo presidente del Consiglio francese, fino al febbraio 1918 per poi arenarsi nuovamente sulla questione dell'Alsazia-Lorena.

Verso la metà del 1918 la situazione dell'impero era diventata catastrofica a causa della crisi economica: la Cisleitania, almeno nei centri urbani, soffriva la fame, mentre la produzione agricola della Transleitania era notevolmente ridotta. La produzione industriale di generi di consumo era diminuita del 40 % rispetto a quella del 1913, soprattutto a causa della mancanza di forza lavoro, visto che si trattava di un'industria ancora poco meccanizzata. Le regioni industriali e la classe operaia della Cisleitania furono particolarmente colpite dai razionamenti, poiché il blocco impediva qualsiasi importazione d'oltremare. Il blocco si rivelò in effetti la più potente delle armi: gli Stati Uniti fornivano materie prime, viveri e prodotti industriali ai loro alleati, mentre gli imperi centrali si trovavano privi di qualsiasi rifornimento.

Scarseggiava anche il carbone, fondamentale fonte di energia, la cui produzione in tre anni diminuì del 95 %, cosicché la popolazione soffriva la fame al freddo e al buio.

La riduzione dell'offerta si tradusse naturalmente in un rialzo dei prezzi, alimentato dall'inflazione indotta dal governo per sostenere le spese di guerra, tanto che alla fine la monarchia dovette ricorrere a una bancarotta mascherata.

La rivoluzione bolscevica inoltre aveva suscitato grandi speranze nelle masse, così come la pace separata conclusa da Lenin a Brest-Litovsk nel marzo 1918, che aveva portato alla smobilitazione del fronte russo.

Una gaffe politica commessa nell'aprile 1918 portò all'interruzione definitiva dei rapporti con la Francia, e in agosto Carlo dovette recarsi al quartier generale tedesco per sconfessare pubblicamente la sua strategia di ricerca di una pace separata, ma in settembre la Bulgaria invocava la pace e all'inizio di ottobre Austria, Germania e Turchia si appellavano al presidente americano Wilson per un armistizio.

Il 4 ottobre 1918 il Parlamento votò una risoluzione del socialista Viktor Adler che riconosceva a tutti i popoli dell'impero il diritto all'autodeterminazione. Il 17 ottobre, l'imperatore trasformò la monarchia in una federazione di stati nazionali; cercava di salvare la monarchia con delle riforme conformi allo spirito dei famosi quattordici punti proposti dal presidente americano Wilson, ma inutilmente. Il quattordicesimo di questi punti infatti non chiedeva la disgregazione della duplice monarchia, ma diceva che *«ai popoli dell'Austria-Ungheria, il cui posto tra le nazioni ci auguriamo di vedere salvaguardato e assicurato, va accordata la massima opportunità di sviluppo autonomo»*.

Il 18 ottobre 1918, l'impero ottomano usciva dal conflitto. Le truppe dell'Intesa erano quindi libere di avanzare verso l'Ungheria. Nello stesso mese, gli italiani lanciarono un'offensiva generale; quando alcune unità anglo-italiane sfondarono le linee austriache a Vittorio Veneto (24 ottobre), il fronte iniziò a disgregarsi. Vi furono anche casi in cui i soldati si rifiutarono di combattere per motivi nazionali e politici, visto che ormai esistevano già dei governi provvisori. In queste condizioni, era necessario concludere un armistizio.

Questo venne concluso il 3 novembre 1918 a Padova; 300.000 soldati si arresero agli italiani, mentre altri si diressero verso le loro case, in maniera più o meno organizzata. Le condizioni dell'armistizio furono molto dure: evacuazione del Tirolo fino al Brennero, dell'Istria e della Dalmazia settentrionale; ritiro immediato delle truppe tedesche (180.000 tedeschi vennero fatti prigionieri), smobilitazione immediata dell'esercito imperial-regio.

I costi umani del conflitto erano stati durissimi per l'impero: su 8 milioni di uomini mobilitati, 4,2 rimasero costantemente sotto le armi, 1,2 milioni morirono e circa 3 milioni rimasero feriti, spesso restando segnati per tutta la vita.

Il 12 novembre 1918 venne proclamata la Repubblica tedesca d'Austria e Carlo d'Asburgo si ritirò nel castello di Eckartsau. Formalmente non abdicò, ma prese la via dell'esilio. In seguito due tentativi di restaurare la monarchia in Ungheria fallirono.

Stampa dedicata al gioco della morra in un'osteria trentina. Alla parete, l'immancabile ritratto dell'imperatore.

Al momento dell'armistizio, la dissoluzione della monarchia era già stata decisa. Wilson si era ormai allineato alle posizioni del francese Clemenceau e dell'inglese Lloyd George, che volevano lo smembramento dell'impero austro-ungarico. I confini della nuova Austria vennero così fissati dai vincitori in funzione dei loro interessi, senza applicare il diritto all'autodeterminazione e preparando il terreno per la Seconda guerra mondiale.

Nei trattati di pace non esisteva più l'impero asburgico, ma una serie di nuovi stati nazionali, che vennero divisi in «buoni» e «cattivi», quelli cioè responsabili dello scoppio della guerra. Tali furono considerate l'Austria e l'Ungheria, alle quali vennero imposte clausole molto dure. Al contrario, altri si ritrovarono nel campo dei vincitori, e tra questi la Cecoslovacchia e la Jugoslavia, destinate a smembrarsi a loro volta. I trattati mostravano inoltre il loro vero scopo impedendo agli stati nati dalla dissoluzione dell'impero qualsiasi unione economica, tagliando quindi rapporti economici e commerciali vecchi di secoli.

La famiglia imperiale

All'interno del sistema di governo dell'impero asburgico la figura dell'imperatore era centrale. È quindi importante conoscere meglio i quattro imperatori che regnarono dal 1815 al 1918 e i loro più stretti famigliari.

Francesco d'Asburgo-Lorena nacque a Firenze nel 1768. Era figlio di Leopoldo II, Granduca di Toscana e poi imperatore. Fu imperatore del Sacro Romano Impero (come Francesco II) dal 1792 al 1806, quando il titolo fu abolito, e imperatore d'Austria (con il nome di Francesco I) dal 1804 (anno di istituzione del nuovo titolo) fino alla morte nel 1835. Appena salito al trono si trovò a combattere contro la Francia rivoluzionaria e poi contro Napoleone fino al 1810, quando gli diede in moglie la figlia Maria Luisa. L'alleanza durò fino alla sconfitta dell'imperatore francese.

Morta la prima moglie sposò la cugina Maria Teresa di Borbone-Napoli, dalla quale ebbe 11 figli. Tra questi solo due dei maschi arrivarono all'età adulta: Ferdinando, suo successore, e Francesco Carlo, che rinunciò al trono in favore del figlio Francesco Giuseppe. Morta anche la seconda moglie, ne sposò una terza, Maria d'Asburgo-Este, un'altra cugina, che morì a soli 28 anni nel 1816. L'imperatore tuttavia non rimase vedovo a lungo, sposando Carolina di Baviera.

Politicamente conservatore, affiancato nel governo da Metternich, era famoso per comportarsi in privato come un semplice borghese. Per questo era molto popolare fra i suoi sudditi; solitamente passeggiava per Vienna con la moglie, senza scorta armata, conversando con la gente in dialetto viennese. Inaugurò la tradizione del ricevimento aperto ai sudditi: chiunque poteva recarsi dall'imperatore e le richieste trovavano solitamente una pronta risposta. Al contrario, governava l'impero col sistema detto «*Kabinettsweg*»: commissionava cioè rapporti su tutti gli argomenti di suo interesse e spesso li faceva integrare con altri rapporti. Poi impiegava a volte anni per analizzarli tutti e prendere una decisione.

A lui sono legate due importanti realizzazioni: la strada del Passo dello Stelvio, che collega la val Venosta con Milano, allora territorio austriaco, e il sistema fortificato di Fortezza (BZ), che si chiama appunto *«Franzensfeste»*.

Ferdinando I, figlio di Francesco I, nato nel 1793, fu imperatore dal 1835 al 2 dicembre 1848, quando abdicò in favore del nipote. Morì a Praga nel 1875.

Era malato, affetto da epilessia e idrocefalia, amante della musica e della botanica, popolare presso i viennesi per la sua bontà, ma totalmente inadatto a governare, tanto che il padre avrebbe preferito escluderlo dalla successione. Si limitò a svolgere compiti di rappresentanza, mantenendo la tradizione delle udienze per i sudditi, che lo chiamavano «Ferdinando il Buono» (oltre che «Nandino il Matto»). Nel 1831 aveva sposato Maria Anna di Savoia, matrimonio dal quale non nacquero figli.

Francesco Carlo, altro figlio di Francesco I, nacque nel 1802 e morì nel 1878. Non salì mai al trono, rinunciando a favore del figlio Francesco Giuseppe. Ebbe quindi solo il titolo di arciduca, come tutti i maschi della famiglia imperiale. Anche lui non era particolarmente brillante in campo politico, a differenza della moglie **Sofia di Wittelsbach**, figlia del re di Baviera, intelligente, energica e ambiziosa, che venne spesso definita *«l'unico uomo della corte asburgica»*.

Dal matrimonio, contratto nel 1824, nacquero 5 figli: Francesco Giuseppe nel 1830, Massimiliano nel 1832, Carlo Ludovico nel 1833, Maria Anna nel 1835 (morta nel 1840), Ludovico Vittorio[22] nel 1842. Nei primi anni di matrimonio Sofia non riuscì a portare a termine due gravidanze, il che metteva in pericolo la continuità della dinastia, finché non si recò per un soggiorno nella località termale di Bad Ischl. Subito dopo rimase incinta del primogenito, e questo spiega il legame speciale di Francesco Giuseppe con questo luogo. Sofia aveva sposato un uomo brutto e intellettualmente poco dotato. Aveva quindi legato molto col giovane (aveva sei anni meno di lei) duca di Reichstadt, il figlio di Napoleone e Maria Luisa, che viveva a corte e morì di tisi a soli 21 anni nel 1832. Molti mormorarono che Francesco Giuseppe e Massimiliano fossero in realtà figli suoi.

Durante la crisi politica dovuta ai moti del 1848 Ferdinando abdicò a favore del nipote **Francesco Giuseppe**.

Egli era nato nel 1830 e venne da subito allevato come erede al trono. Nel 1848, allo scoppio dei moti liberali, venne allontanato da Vienna e mandato nell'armata di Radetzky, impegnata nel Lombardo-Veneto. Fu per lui un'esperienza molto significativa, che incluse anche la partecipazione ad una battaglia nella quale ricevette il «battesimo del fuoco». Di qui passò a Innsbruck e poi a Olomouc, seguendo la corte imperiale. Proprio a Olomouc salì al trono, il 2 dicembre 1848.[23]

Il giovane Francesco Giuseppe era affiancato nelle decisioni relative all'esercito dall'arciduca Alberto e dal conte Grünne, il quale sotto la supervisione di Sofia si occupava anche delle cosiddette «contesse igieniche», ossia delle dame compiacenti che venivano presentate all'imperatore perché potesse sfogare i suoi giovanili istinti.

Scampato ad un attentato nel 1853, l'anno seguente si sposò con la cugina Elisabetta (Sissi) di Baviera, figlia della sorella della madre. I due erano quindi parenti, ma i matrimoni tra consanguinei erano frequenti nelle famiglie nobili. In particolare, questa era la ventunesima unione tra membri delle due famiglie. Dal matrimonio nacquero quattro figli: Sofia, nata nel 1855 e morta a soli due anni di polmonite, Gisella[24], nata nel 1856, Rodolfo, nato nel 1858, e Maria Valeria, nata nel 1868.

I genitori di **Elisabetta** erano il duca Max in Baviera e la principessa Ludovica, figlia minore del re di Baviera e sorella di Sofia, madre di Francesco Giuseppe.

Grazie alla sorella, anche altri dei figli nati da Max e Ludovica riuscirono a fare matrimoni di alto livello. I fratelli e sorelle di Sissi, nata il 24 dicembre 1837, erano: Luigi[25] (1831), Elena (1834), Carlo Teodoro[26] (1839), Maria Sofia[27] (1841), Matilde (1843), Sofia Carlotta[28]

(1847), Massimiliano Emanuele (1849). Il duca Max aveva anche diversi figli illegittimi, cui era molto legato.

La famiglia possedeva un elegante palazzo a Monaco e il castello di Possenhofen, una villa in campagna sul lago Starnberg in cui viveva con grande libertà. Il duca Max amava molto i cavalli ed aveva trasmesso questa passione alla figlia Elisabetta, il che la portò ad essere molto legata al padre in gioventù. In seguito, insoddisfatta del matrimonio e della sua vita, si identificò maggiormente con la madre.

Inizialmente il progetto di Sofia e Ludovica era di far sposare Francesco Giuseppe ed Elena. Tutta la formazione della ragazza venne quindi finalizzata al suo futuro ruolo. Doveva imparare le lingue, la storia e la genealogia austriaca, l'etichetta di corte, ballare, partecipare ai ricevimenti e abituarsi a stare tra la gente. Venne preparato un fastoso corredo e organizzato un incontro tra i due nella località di Bad Ischl. Francesco Giuseppe però, folgorato dalla freschezza di Elisabetta, la chiese in matrimonio. La ragazza tuttavia, giovanissima, era totalmente impreparata a ciò che la aspettava.[29]

Questo risultò ben presto evidente. Timida e introversa, a Vienna non si sentì a casa fin dall'inizio. Era circondata da estranei, non aveva potuto portare nessuna persona di fiducia e faticava ad adattarsi alle abitudini di una corte importante come quella viennese.[30] Il suo unico punto di riferimento era il marito, col quale però poteva passare pochissimo tempo a causa dei gravosi impegni di governo cui lui era soggetto. Iniziò presto a soffrire di gravi disturbi di natura psicosomatica, dai quali guariva ogni volta che era in viaggio, che poteva appassionarsi a qualche attività, o che un parente andava a trovarla.

A soli sedici anni rimase incinta. Nel 1855 nacque quindi la prima figlia, Sofia. La suocera pretese subito il controllo sull'educazione dei nipoti, il che fece nascere un contrasto fra le due donne che si fece sempre più profondo. Il conflitto con la suocera era noto, e visto che questa rappresentava il vecchio sistema di governo, Elisabetta diventò il simbolo delle idee liberali. La popolazione iniziò ad amarla e ad attribuirle una benefica influenza sul marito e sui suoi provvedimenti più generosi.

Questo contrasto metteva in crisi Francesco Giuseppe, diviso tra l'obbedienza alla madre e l'amore per la moglie. Non a caso la coppia imperiale era molto più unita durante i viaggi piuttosto che a corte. Anche quando erano lontani, Francesco Giuseppe ed Elisabetta si scrivevano spessissimo. Per tutta la vita, lui le scrisse quotidianamente ogni volta che era via. Si firmava *«il tuo povero marito»*, *«il tuo piccolo»*, *«il tuo povero piccolo che ti ama alla follia»*, ma ciò non gli impedì di esserle infedele. Dopo la sconfitta di Solferino Francesco Giuseppe, sconfortato e forse anche stufo dei «*Wolkenkraxeleien*» (arrampicate tra le nuvole) della moglie, si lasciò tentare nuovamente dalle «contesse igieniche». La corte, ansiosa di vendicarsi di un'imperatrice che ormai non nascondeva il suo disprezzo per essa, non si lasciò sfuggire la possibilità di umiliarla e diede ampio risalto alle scappatelle dell'imperatore. Si parlò anche di una relazione più seria con un'aristocratica polacca, la contessa Potocka.

I due condividevano una sola grande passione, quella per la montagna. Entrambi scalarono, da soli o insieme, molte cime. L'imperatore scalò anche la piramide di Cheope, in Egitto. Elisabetta amava moltissimo anche il mare, tanto che nelle sue poesie parlerà spesso di se stessa come di un gabbiano[31] e si fece persino tatuare un'ancora sulla spalla. Viaggiò molto per mare e visse per lunghi periodi su delle isole, come Madeira e Corfù[32], dove fece costruire una splendida villa. L'imperatrice aveva del resto molte passioni, spesso spinte fino all'eccesso. Una di queste era l'amore per l'Ungheria. E questa predilezione non stupisce se si considera che anche il suo idolo, il poeta Heinrich Heine, amava molto l'Ungheria. Proprio in occasione di un viaggio in Ungheria nel 1857, Elisabetta insistette per portare con sé le bambine, ma entrambe si ammalarono e la maggiore, Sofia, morì. Questo fu un colpo terribile per lei, che da allora smise di opporsi alla volontà della suocera, la quale riprese il controllo sui nipoti.

A quel punto il corpo era tutto ciò che restava a Sissi, che fosse solo suo, e iniziò a farne un'ossessione. Aveva già provocato scandalo quando aveva chiesto una vasca da bagno. Nei palazzi ufficiali non si era mai visto un impianto simile (che non richiedeva la presenza di personale per l'aggiunta di acqua calda); anche Francesco Giuseppe fino alla sua morte si accontentò di una tinozza e due brocche. Ogni giorno faceva il bagno da sola e vi restava quanto più a lungo possibile. Non solo, cominciava le sue giornate facendo lunghi esercizi ginnici e fece trasformare una stanza della Hofburg in palestra. Inoltre, continuava ad essere preda di crisi depressive e a nutrirsi pochissimo. Nonostante la sua magrezza però, tra l'altro tutt'altro che di moda al tempo, il corpo rimase sempre tonico e muscoloso e la scollatura rotonda. L'insofferenza di Elisabetta si trasformò ben presto in uno stato quasi patologico. Specie in inverno, quando le uscite in giardino o a cavallo erano più difficili, si sentiva in gabbia. Soffriva di inappetenza, tosse, insonnia, emicranie, crisi di pianto, edemi, idropisia, anemia. Oltre a quelle più note (la ginnastica, l'equitazione, la cura maniacale della linea e dei capelli), Elisabetta aveva molte manie e abitudini scandalose. Fumava, e nel corso dei suoi viaggi chiedeva sempre di visitare i manicomi. Le dame del suo seguito erano terrorizzate, e lei le lasciava volentieri fuori per parlare a quattr'occhi con i malati.

L'immagine dell'imperatrice allegra e sorridente che i film ci hanno inculcato era molto lontana dalla realtà. La bella Sissi manifestava apertamente la sua antipatia verso la corte e i suoi doveri di rappresentanza. Tra l'altro, non sorrideva mai a causa della dentatura imperfetta. Lontano dalla corte invece rifioriva e la sua bellezza tornava a splendere. Negli anni'60 posò per una serie di ritratti e fotografie, tra i quali la famosa serie di tre ritratti eseguiti dal pittore Franz Winterhalter. Uno in veste ufficiale, con un sontuoso abito da ballo e stelle di diamanti nei capelli, e due più privati. In uno di questi risaltano il viso di tre quarti, una spalla nuda e la sua magnifica capigliatura sciolta. Il ritratto era per l'imperatore, che lo mise nel suo studio commentando: «*Finalmente un ritratto che le somiglia davvero*».

Una cosa probabilmente non fu mai, e cioè infedele al marito. Le venne ad esempio attribuita una relazione col conte Andràssy. Si sospettava persino che egli fosse il padre della quarta e ultima figlia di Elisabetta, Maria Valeria, nata dieci mesi dopo l'incoronazione a Budapest. La preferenza di Elisabetta per questa figlia fu talmente forte che veniva chiamata «l'Unica». Venne partorita a Budapest nel 1868, dove Elisabetta si era trasferita appositamente. Se fosse stata un maschio avrebbe dovuto chiamarsi Stefano, come il primo re magiaro; venne invece chiamata Maria Valeria, perché Valeria era definita la regione circostante Budapest in età romana. Ironia della sorte, Maria Valeria rifiutò sempre la cultura ungherese che la madre cercava di imporle e si avvicinò invece al nazionalismo tedesco. Le maldicenze vennero placate solo dall'evidente rassomiglianza tra Francesco Giuseppe e la figlia.

L'ipotesi del tradimento del resto è resa poco probabile sia dal fatto che l'imperatrice era sempre sottoposta a una stretta sorveglianza, sia dal suo rifiuto dell'amore fisico, come risulta da alcuni suoi componimenti[33], sia dalla gelosia di Francesco Giuseppe, che spesso emerge dalle sue lettere. Ad esempio nel luglio 1866, in piena guerra, nel giorno in cui i prussiani stabilivano il loro quartier generale a 50 km da Vienna, le scriveva: «*Mia Sissi adorata, [...] Ti ringrazio della descrizione che mi hai fatto della villa Kochmeister, deve essere molto piacevole. Ma la porta a vetri della tua stanza da letto non mi entusiasma, in quanto permette certo agli sguardi indiscreti di vederti quando procedi alle tue abluzioni, e la cosa mi preoccupa. Fa' dunque posare una grande tenda nera davanti a quella porta [...]. Il tuo devoto piccolo marito.*»

Solo col tempo Francesco Giuseppe ed Elisabetta riuscirono a trovare un equilibrio; lui si rassegnò alle sue assenze, lei invece al granitico senso del dovere del marito. La posta e il treno svolsero nella loro vita un ruolo essenziale. Si scrivevano, si telegrafavano, si facevano visita. In molte circostanze ufficiali Francesco Giuseppe non si divertiva più della moglie, ma conosceva la sottile arte di annoiarsi senza darlo a vedere e così mentre tutti lodavano la sua cortesia ed eleganza, i viennesi iniziarono a rimproverare Elisabetta per le sue assenze, le sue manie, le sue strane abitudini.

Si pesava tre volte al giorno e di continuo misurava la circonferenza di giro vita, fianchi e polpacci. Era più alta del marito (1,72 m) e il suo peso non doveva superare i 50 chili, il che calcolando la massa costituita dai capelli la rendeva ampiamente sottopeso. Seguiva una dieta molto rigorosa (che includeva piatti «gustosi» come il succo di sei chili di carne bovina o l'albume crudo salato) e praticava continua attività fisica. La cura quotidiana della sua capigliatura (il cui peso le causava frequenti emicranie) richiedeva tre ore, mentre il lavaggio veniva eseguito ogni mese con misture di rossi d'uovo e cognac. Nessuno stupore che la sua parrucchiera, Fanny Angerer, fosse un personaggio fondamentale nello staff dell'imperatrice.[34] La vestizione richiedeva invece un'ora, che potevano diventare quattro o cinque nelle occasioni più importanti, quando arrivava a farsi cucire i vestiti addosso. Solitamente occupava il tempo destinato alla preparazione prendendo lezioni di svariate lingue e materie.

Nel 1867, proprio mentre la coppia imperiale partecipava alle cerimonie per l'incoronazione ungherese, il fratello dell'imperatore **Ferdinando Massimiliano** viveva i suoi ultimi giorni. Partito nel 1864 per il Messico, dove la Francia gli aveva garantito appoggio e la corona di imperatore, era molto diverso dal fratello, di cui probabilmente invidiava il ruolo. Nei suoi scritti si paragonava ad un uccello cui un'ala spezzata impediva il volo. Nominato governatore del Lombardo-Veneto, dopo la perdita della Lombardia si era ritirato a Trieste, nel castello di Miramare. Aveva quindi accettato con entusiasmo la corona messicana, senza valutare l'ostilità degli Stati Uniti e dei messicani stessi. La Francia ben presto ritirò i suoi uomini e i ribelli, guidati da Benito Pablo Juárez[35], riuscirono ad assediarlo a Querétaro. Sfinito, affamato, malato, resistette per 72 giorni prima di arrendersi. Sua moglie Carlotta del Belgio era tornata in Europa per cercare aiuti, ma inutilmente; il suo crollo nervoso aveva spinto molti a credere che le notizie che portava fossero esagerate. Francesco Giuseppe, che aveva obbligato il fratello a rinunciare ai diritti sulla corona imperiale quando aveva accettato quella messicana, lo riconfermò in tutti i suoi diritti, pensando che questo l'avrebbe protetto. I ribelli però non si lasciarono impressionare dai titoli e Massimiliano venne condannato a morte e fucilato il 19 giugno 1867.

Elisabetta viaggiò tantissimo e soggiornò spesso in Tirolo: nel 1870 svernò a Merano, dove l'imperatore la raggiunse per brevi periodi, approfittandone per visitare ufficialmente Trento il 13 e 14 aprile 1871. L'imperatrice tornò a Merano anche nell'inverno del 1871. Rientrò a Vienna nella primavera del 1872, alla morte della suocera, la cui lunga agonia la impressionò moltissimo.

Nel 1875 Francesco Giuseppe, quarantacinquenne, incontrò nel parco di Schönbrunn la sedicenne Anna Nahowski, sposata da poco. Iniziò con lei una relazione sessuale che si protrasse per quattordici anni, fruttando molto denaro sia alla donna che ai suoi due mariti e ai tre figli. L'imperatore si recava da lei fra le 4 e le 5 del mattino, ma le sue visite si diradarono per poi cessare quando iniziò a frequentare Katharina Schratt. Quasi certamente, Elisabetta non seppe mai nulla di questa relazione, come dimostra il fatto che fu lei a favorire l'inizio della relazione con la Schratt, probabilmente non immaginando che in questo caso il legame sarebbe diventato ben più che fisico.

Nel 1882 Elisabetta aveva iniziato a soffrire di dolori reumatici e quindi a cavalcare meno e a tirare di scherma. La sua vera nuova passione però diventò la marcia, praticata anche per più di otto ore al giorno. Questo la portò di nuovo in Tirolo, dove poteva dedicarsi a lunghe camminate. Soggiornò a Madonna di Campiglio, a Merano e sul Garda, sempre raggiunta per brevi periodi dal marito.

Nel 1886 organizzò un incontro tra il marito e l'attrice Katharina Schratt. Nata nel 1853, questa aveva sposato un nobile ungherese dal quale aveva avuto un figlio e da cui viveva separata. Era bionda, graziosa, soda, vivace e maliziosa. Tra i due nacque una solida relazione. L'imperatore andava a trovarla a metà mattina (lui si alzava all'alba) e faceva colazione con lei. Era una donna allegra e spiritosa, che riusciva a distrarlo e ad offrirgli un ambiente rilassante, senza occuparsi di politica o di intrighi. Molti hanno persino dubitato che la relazione fra i due fosse anche fisica, ma il fatto che l'imperatore nelle sue lettere alla donna parlasse delle sue *«settimane di silenzio»*, ossia dei cicli mestruali, è un indizio abbastanza rilevante. La Schratt non si occupava di politica, ma sapeva approfittare della sua relazione dal punto di vista economico. Oltre ai numerosi regali (l'imperatore era molto generoso) ricevette anche molto denaro contante con cui saldare i suoi debiti di gioco. Proprio questa mania la portò a concludere la sua vita in povertà, nonostante la quale si rifiutò sempre di pubblicare memorie o anche solo di rilasciare interviste. Nel 1909, quando anche Katharina restò vedova, circolò la voce che l'imperatore avesse stretto con lei un matrimonio religioso segreto, un «matrimonio di coscienza».

La vita della coppia imperiale venne presto sconvolta dalla morte dell'unico figlio maschio, **Rodolfo**. Era nato nel 1858 e la scelta del suo nome fu una sfida al destino, visto che una leggenda narrava che l'impero, fondato nel 1273 da Rodolfo I, sarebbe finito con un imperatore dallo stesso nome. Liberale convinto, soggiogato dalla personalità della madre e incapace di creare un rapporto col padre, condivideva con lui solo la passione per la caccia. Questo era uno dei pochi argomenti sui quali conversavano. Anche lui, come tutti gli altri, non poteva rivolgere la parola all'imperatore senza che questi lo facesse per primo. Rodolfo avrebbe desiderato seguire un corso universitario di scienze naturali, ma questo era impossibile perché era già stato destinato alla carriera militare. Studiò comunque le scienze e soprattutto l'ornitologia, pubblicando anche alcuni saggi. Collaborava inoltre sotto pseudonimo a giornali liberali anche all'estero, dove scriveva contro il clericalismo e i privilegi dell'aristocrazia. Nei suoi scritti non risparmiava né l'imperatore né la sua politica, reclamava maggiore democrazia e più flessibilità sulla questione delle nazionalità. Era inoltre contrario all'espansione nei Balcani e all'alleanza con la Germania, alla quale ne avrebbe preferita una con Russia e Francia. Rodolfo del resto, influenzato dalla madre, amava l'Ungheria, la borghesia e tutte le nazionalità dell'impero più di quella tedesca.

La sua frustrazione per l'impossibilità di poter decidere della propria vita e mettere in pratica le sue idee lo portò a sfogarsi conducendo una vita sregolata. In particolare, aveva moltissime amanti, anche dopo il matrimonio con la principessa Stefania del Belgio. Rodolfo aveva ventidue anni, Stefania quindici e non si era nemmeno ancora sviluppata. Del resto, le principesse cattoliche da marito erano poche e Rodolfo mostrava una preoccupante tendenza a frequentare luoghi malfamati e compagnie di basso livello. Forse il padre pensava che l'amore di una moglie potesse aiutarlo a mettere la testa a posto, oltre a garantire la continuità della dinastia. Era però ferreo nel non volerlo coinvolgere nel governo, forse volendo lasciargli godere quella giovinezza che a lui era stata negata. In realtà, Rodolfo ne soffriva immensamente.

Una vita simile non fu senza conseguenze: Rodolfo contrasse infatti una forma gravissima di gonorrea, contagiando anche Stefania e rendendola sterile dopo la nascita della prima figlia. Il principe, consapevole di avere una malattia incurabile, assumeva morfina e cocaina per combattere i dolori e cocktail di champagne ghiacciato e cognac per vincere l'impotenza, oltre a soffrire sempre più frequentemente di crisi di ansia e depressione. Rodolfo detestava gli eventi mondani, mentre amava i locali popolari, le bevute e le belle donne, tra le quali va ricordata Mizzi Caspar, una prostituta d'alto bordo con cui ebbe una lunga relazione. Nell'estate del 1888 le aveva proposto di suicidarsi insieme a lui, ed anche se lei aveva rifiutato ridendo, aveva comunque riferito la cosa al capo della polizia, che la trovò irrilevante. Rodolfo aveva solo trent'anni, ma si sentiva un uomo finito. Per la baronessina diciassettenne Mary Vetsera invece, era un idolo. Questa volta Rodolfo aveva trovato qualcuno disposto a morire con lui. Anche se moltissime sono le teorie e i punti oscuri, è probabile che Rodolfo e Mary, incinta di qualche mese, avessero deciso di morire insieme e che l'omicidio-suicidio (Rodolfo avrebbe sparato a Mary e poi a se stesso) sia avvenuto nella notte tra il 29 ed il 30 gennaio a Mayerling, in un casino di caccia oggi trasformato in convento. Sulle motivazioni, o se si sia trattato effettivamente di un doppio suicidio e non di un doppio omicidio, esistono le teorie e le versioni più diverse. La morte di Rodolfo fu una tragedia, complicata dallo scandalo. Famigliare, in quanto egli era figlio, marito, fratello, padre, ma anche politica, in quanto era la speranza di tutte le forze progressiste e liberali. Alla sua morte, l'erede al trono diveniva Francesco Ferdinando, che era politicamente il suo opposto.

Cartolina satirica di propaganda in cui due soldati austroungarici prendono a bastonate il Re d'Italia.

Alla notizia della morte del figlio, i capelli e le fedine dell'imperatore diventarono completamente bianchi, mentre Elisabetta iniziò a vestire solo a lutto e diede il suo addio ad un'altra grande passione, la poesia. Fece stampare segretamente alcune copie delle sue opere, le mise in una cassetta e diede ordine che alla sua morte fosse consegnata al presidente svizzero, cui era indirizzato questo biglietto: «*Cara anima del futuro! Ti affido questi scritti… essi potranno essere pubblicati solo dopo che saranno trascorsi sessant'anni a partire dal 1890 e i proventi dovranno essere impiegati per aiutare i perseguitati politici ed i loro familiari bisognosi.*» La sua attività di poetessa non era nota ai contemporanei, ma la sua conoscenza di Heine sì, tanto che l'Università di Berlino la consultò prima di autenticare alcune opere inedite del poeta.

Iniziò a viaggiare di continuo, in maniera febbrile, e tornò anche in Tirolo. Nel 1894 era di nuovo a Madonna di Campiglio, dove la raggiunse Francesco Giuseppe, che non tornava in Trentino dal 1871. Per l'occasione gli venne intitolata una cima: Cima Brenta dal 1895 alla fine della Prima guerra mondiale si chiamò «*Franz Josef Spitze*». La visita terminò il 12 luglio; per il ritorno l'imperatore scelse la strada che attraversa Dimaro, Malè e Cles. Raggiunse poi il passo della Mendola e salì sulla cima del Penegal. Si intrattenne famigliarmente coi sudditi, accogliendo com'era sua abitudine molte suppliche e richieste. Nel viaggio di ritorno anche Elisabetta si fermò sulla Mendola. Non si recò però al rifugio «*Kaiserin Elisabeth*», eretto in suo onore vicino Cima Libera, trattandosi ormai di un'escursione troppo difficoltosa per lei (forse per rivalsa, una delle prime persone a visitarlo fu Katharina Schratt, meno atletica e snella ma vent'anni più giovane). Nel 1897 visitò il Lago di Carezza e poi tornò a Merano.

Nel settembre 1898 Elisabetta si trovava a Ginevra. Nonostante usasse degli pseudonimi per mantenere l'anonimato, un anarchico italiano, Luigi Lucheni, era venuto a sapere del suo soggiorno e decise di ucciderla per attirare l'attenzione sul tema dello squilibrio sociale. La pugnalò con una lima mentre stava per prendere il traghetto con cui avrebbe raggiunto il suo seguito. L'imperatrice morì rapidamente e senza soffrire, come aveva sempre desiderato.

Francesco Giuseppe venne avvertito con un telegramma. Nella compostezza del suo dolore, disse al conte Paar, il suo aiutante di campo: «*Lei non sa quanto ho amato questa donna*» mormorando poi «*Non mi viene proprio risparmiato nulla*». Aveva appena terminato di scriverle una lettera, indirizzandola come sempre in ungherese *«Alla mia dolce, amata anima»* e concludendola con le parole *«Addio, angelo amato»*.

Nel 1905 Francesco Giuseppe visitò per l'ultima volta il territorio trentino per assistere alle manovre militari in Val di Non, che prevedevano un attacco attraverso il Tonale e la Val di Sole. Il 29 agosto quindi, a 75 anni, Francesco Giuseppe assistette sotto la pioggia battente alle manovre da un'altura tra Salter e Malgolo. Il 30 agosto ripartì passando da Taio e Mezzolombardo.

Verso la fine della sua vita era molto stanco, tanto che pare abbia affermato *«a tutti è concesso morire, tranne che a me»*. Durante i suoi sessantotto anni di regno il mondo era molto cambiato. A Vienna, dal 1881 c'era il telefono (che si rifiutò sempre di usare) e dal 1883 era in funzione il primo tram a vapore. Vi erano inoltre molte industrie, che richiamavano operai i quali davano vita con le loro famiglie a grandi quartieri popolari. Nel 1896 erano state proiettate per la prima volta a Vienna le immagini in movimento del cinematografo. Nel 1898, in città circolavano venti automobili. In questo caso l'imperatore, solitamente poco amante delle novità, non se la fece sfuggire.

Nel corso del 1916 le forze dell'imperatore iniziarono a declinare, ma lui mantenne i suoi ritmi di lavoro. Il 21 novembre venne colto da febbre alta, ma chiese al suo aiutante di campo di svegliarlo come sempre alle tre e mezza del mattino. Furono probabilmente le sue ultime parole. La figlia Maria Valeria, avendo capito che le condizioni del padre erano gravi, lo vegliò mentre si spegneva nel sonno.

Dopo la morte di Rodolfo l'erede al trono era l'arciduca **Francesco Ferdinando**. Era stato designato come successore nel 1889 perché l'ultimo fratello in vita di Francesco Giuseppe, Ludovico Vittorio, era stato escluso in quanto omosessuale (era stato anche protagonista di uno scandalo). Francesco Ferdinando non era nelle grazie dello zio, ma il suo carattere non lo portava certo a soffrirne. L'imperatore gli aveva anche proibito di sposare la contessa Sofia Chotek, che proveniva da una casata nobile ma non imparentata con case regnanti. Francesco Ferdinando si era impuntato, anche se aveva dovuto accontentarsi di un matrimonio morganatico, in cui i figli non ereditavano i diritti al trono. Nonostante i rapporti tesi, nel 1898 Francesco Giuseppe lo nominò ispettore generale del suo amato esercito e della marina. Il suo orientamento politico era l'esatto opposto di quello del cugino Rodolfo, cui pure era legato.

Venne ucciso con la moglie a Sarajevo nel famoso attentato del 28 giugno 1914. La data della sua visita coincideva con un giorno di lutto per i serbi, che il 28 giugno 1389 avevano subito la sconfitta militare che li aveva privati dell'indipendenza. Quel mattino si verificò un primo attentato sul percorso seguito da Francesco Ferdinando. La bomba ferì due ufficiali e prima di lasciare la città Francesco Ferdinando volle fare visita ai due feriti. Nonostante la scelta di cambiare percorso per scongiurare altri attacchi, un errore dell'autista permise a Gavrilo Princip, uno dei congiurati, di sparare a bruciapelo a Francesco Ferdinando e alla moglie.

Successore di Francesco Giuseppe fu quindi il pronipote **Carlo**. Lui e la moglie Zita di Borbone-Parma erano giovani e molto uniti. Carlo visitò spesso il fronte italiano ed aveva una predilezione per i soldati tirolesi[36]: nel gennaio 1917 a a Calliano cambiò ufficialmente la denominazione dei «*Landesschützen*» in «*Kaiserschützen*». La coppia imperiale viaggiava di continuo per poter visitare le principali città dell'impero ed essere a Vienna almeno qualche giorno in settimana. Visitò ufficialmente Trento nell'aprile 1917 e in agosto fu all'inaugurazione di una chiesetta dedicata a Santa Zita sul Passo Vezzena.

Carlo e Zita erano convinti che la corte dovesse dare il primo esempio del sacrificio richiesto durante il conflitto a tutta la popolazione dell'impero; per questo, ad esempio, anche dalla mensa della corte imperiale vennero eliminati la cioccolata e il pane bianco.

Il 3 novembre 1918 l'armistizio di Villa Giusti pose fine alla guerra con l'Italia e pochi giorni dopo in Austria venne proclamata la repubblica. Carlo fu quindi costretto all'esilio, prima in Svizzera e poi sull'isola di Madeira. Qui morì di polmonite il 1 aprile 1922, a soli trentacinque anni. È stato beatificato nel 2004 in considerazione del suo impegno per la pace, della sua vita senza sfarzi e senza macchia, della sua fede in Dio.

La questione autonomista

Fino alla fine del'700 il territorio trentino era diviso tra il Principato vescovile e il *«Circolo ai confini d'Italia»*, cioè la parte meridionale della Contea del Tirolo. Il fatto di essere sottoposto a due amministrazioni diverse pesò soprattutto nel periodo delle riforme di Maria Teresa e Giuseppe II, che vennero applicate direttamente nel Circolo e recepite solo in parte nel Principato. Questa divisione amministrativa si tradusse poi in uno squilibrio culturale e imprenditoriale.

In ogni caso la popolazione trentina aveva vissuto un'esperienza secolare di autonomia che aveva formato la sua mentalità e a cui non era disposta a rinunciare. Infatti già prima del dicembre 1802 le autorità comunali di Trento consegnarono al commissario asburgico un documento con cui chiedevano, pur accettando l'unione al Tirolo e alla monarchia asburgica, un'amministrazione separata da Innsbruck. La richiesta venne ripetuta anche dopo la Convenzione di Parigi del 1802, che ufficializzò il passaggio agli Asburgo, a nome non solo dei territori dell'ex Principato vescovile, ma anche dell'ex *«Circolo ai confini d'Italia»*.

Tuttavia queste richieste non vennero accolte: dopo il periodo di governo di Maria Teresa e Giuseppe II, che faticosamente avevano cercato di mettere ordine nell'intricato sistema di regni e province che componevano la monarchia, la tendenza era a uniformare il territorio e non a spezzettarlo ulteriormente.[37]

Gli austriaci entrarono a Trento nel 1813 e iniziarono il riordino amministrativo fin da subito. In questo periodo i tirolesi di lingua tedesca chiesero il ripristino delle loro antiche forme di autogoverno.[38] Si riferivano alla Dieta tirolese, che era stata sospesa dai bavaresi e venne ripristinata solo nel 1816.

La Dieta tirolese (o «*Stati Provinciali*») esisteva da prima del 1363. Dal'400 vi era stata ammessa, oltre alle rappresentanze di nobiltà, clero e borghesia, anche quella dei contadini. Era il simbolo dell'autonomia tirolese, perché manteneva potere decisionale rispetto agli Asburgo in materia fiscale e di ordinamento militare. Della Dieta facevano parte non solo rappresentanti della Contea del Tirolo, ma anche dei Principati vescovili di Trento e Bressanone.

Come detto venne sciolta dai bavaresi nel 1808 e questo fu uno dei provvedimenti che provocarono la rivolta hoferiana. Venne ripristinata nel 1816 con la «*Verfassung-Patent*» (Patente costituzionale) emanata da Francesco I, che indicava alcune delle principali materie di competenza della Dieta e si richiamava ai privilegi secolari della stessa. Ne fissava anche la composizione a 52 membri: 13 per ognuno dei quattro «ceti» o «*Stände*» (stati): clero, nobiltà, borghesia cittadina e contadini. Di solito però il meccanismo elettorale penalizzava la parte trentina, che aveva solo 7 rappresentanti fissi (3 per il clero, 2 per le città, 2 per i contadini), più quelli, variabili, del ceto dei nobili.[39]

Anche se il potere centrale ebbe sempre la tendenza a interpretare in maniera restrittiva le libertà della Dieta tirolese, le sue materie di competenza erano numerose e importanti: nomina degli impiegati, ordinamento e vigilanza delle amministrazioni comunali, patrimonio forestale, settore agrario e lavori pubblici, amministrazione dei redditi del fondo speciale di accantonamento per l'approvvigionamento, istituti di assicurazione e credito di interesse provinciale[40], istituti di assistenza sanitaria e sociale, attuazione dell'ordinamento scolastico, imposizioni tributarie e finanze, bilanci preventivi e consuntivi. Inoltre, in base al «*Landlibell*» del 1511, gli ordinamenti in materia militare dovevano essere approvati dalla Dieta.

La Dieta si riuniva ad Innsbruck una volta all'anno: la gestione ordinaria era affidata a quattro membri (uno per ceto) che si riunivano settimanalmente con il governatore.

Nel 1848 i liberali scrissero una petizione sottoscritta da 3.600 firmatari chiedendo di modificare il meccanismo elettorale per ceti e di rendere pubblici i dibattiti della Dieta. Non venne accolta, ma si passò a 72 deputati, assegnando altri 19 seggi ai ceti urbani e contadini (più uno all'università di Innsbruck). Le città (Innsbruck,

Trento, Bolzano e Rovereto) acquisivano così un seggio fisso, mentre prima entravano a rotazione. Generalmente i rappresentanti della parte di lingua italiana erano 20 su 72.

Per questo i rappresentanti di comuni, clero e nobili trentini (circa 5.000 persone) si riunirono a Calliano per sottoscrivere una lettera di protesta, chiedendo nuovamente che il sistema dell'elezione per ceti venisse abbandonato. Si chiedeva altrimenti di avere una situazione simile a quella del Vorarlberg, che pur soggetto allo stesso governatore del Tirolo aveva una Dieta separata.

La Patente emanata da Francesco Giuseppe nel 1861 fissò meglio le competenze della Dieta e i suoi rapporti con gli organi centrali della monarchia. Essendo nato infatti il «*Reichsrat*» (Parlamento centrale) con potere legislativo su ciò che riguardava l'intera monarchia (servizio militare; politica monetaria, commerciale e doganale; comunicazioni; finanze e fisco; debito pubblico), tutto ciò che era di interesse locale spettava alle Diete, che potevano proporre leggi al Parlamento centrale tramite i rappresentanti da esse inviati (12 per Contea del Tirolo e Vorarlberg). Cambiava anche il numero dei membri della Dieta: 68, dei quali 8 per l'alto clero (i 3 vescovi, 4 alti prelati, il rettore dell'università di Innsbruck), 10 per i nobili (eletti da 232 nobili), 3 per i grandi commercianti, 13 per le città e 34 per i 17 collegi rurali.

I rappresentanti trentini eletti alla Dieta però restavano in minoranza e per protesta praticavano l'astensionismo. Di conseguenza, non accedevano nemmeno al Parlamento. La situazione mutò quando nel 1873 l'elezione dei membri del Parlamento passò direttamente agli elettori.

La politica della Dieta tirolese sembra del resto essere stata effettivamente molto sbilanciata a favore della parte tedesca nel periodo 1816-1848, per poi diventarlo via via sempre meno. Tuttavia ancora in occasione dell'alluvione del 1882 la Dieta stanziò 4.000.000 fiorini per i lavori di riparazione nella parte tedesca e solo 700.000 per quelli nella parte italiana, anche se era stata colpita più duramente. La sproporzione era tanto evidente che si ebbe un intervento del Parlamento centrale.

Proprio per questo i politici trentini erano generalmente favorevoli a una gestione centralista dell'impero, che avrebbe garantito a tutte le nazionalità pari diritti, piuttosto che a quella federalista, che avrebbe trasferito tutte le competenze a Innsbruck e non a Trento. La gestione centralista infatti avrebbe dovuto accompagnarsi ad un forte decentramento amministrativo, mantenendo molte competenze (ad esempio sulle politiche sociali, sulla scuola primaria ecc.) ai comuni, un aspetto della gestione asburgica che era molto apprezzato, anche se la scarsità di risorse dei comuni stessi andava spesso a vanificare la loro autonomia.

Nel 1913 una nuova riforma portò i deputati da 68 a 96, dei quali 35 per il Trentino. La rappresentanza diventava quindi più proporzionata.

Gli organi ed uffici dell'amministrazione statale e provinciale erano concentrati ad Innsbruck: la Dieta, la Giunta, la Luogotenenza dell'Impero (una sorta di «vicerè» per il Tirolo), la Direzione di Polizia, il Tribunale di seconda istanza (di appello), il Consiglio scolastico ecc. E ai tempi raggiungere Innsbruck non era facile (la ferrovia del Brennero venne completata nel 1867).

Tuttavia ci furono diversi tentativi di delocalizzazione degli uffici: nel 1850 si tentò di istituire a Trento il Senato della Corte Superiore di Giustizia, ma l'esperimento fu di breve durata e nel 1854 restarono solo due Tribunali di prima istanza a Trento e Rovereto e il Tribunale di seconda istanza a Innsbruck. Sempre nel 1854 venne istituito a Trento l'ufficio di Consigliere Aulico, che rappresentava la Luogotenenza di Innsbruck. Dieci anni dopo, nel 1864, il governo si impegnò ad attivare una Sezione della Luogotenenza anche a Trento, il che avvenne nel 1868. Si trattava di un organismo speciale, che non esisteva in alcun altro regno o provincia dell'impero, pensato per tutelare le esigenze della parte trentina della Contea tirolese. Questa Sezione tuttavia non risolse i problemi e venne soppressa nel 1896.

La Dieta si dimostrò invece pronta ad accogliere le richieste trentine di avere istituti propri quando questi riguardavano il rafforzamento del settore primario agricolo. Nel 1832 infatti venne costituita la Società agraria trentina, nel 1874 venne fondato l'Istituto agrario di San Michele all'Adige, nel 1881 istituito il Consiglio di agricoltura.

Naturalmente tra la struttura provinciale e quelle comunali esistevano delle strutture intermedie, che variarono nel corso del secolo. Inizialmente i territori di Trento e Rovereto costituivano due Capitanati Circolari (o Circoli) divisi a loro volta in Giudizi distrettuali (21 nel circolo di Trento, 14 in quello di Rovereto).

Dopo il 1849 vennero separati i Distretti politici e quelli giudiziari e sciolto il «*Gubernium*»[41] di Innsbruck, sostituito da un Luogotenente nominato dall'imperatore. L'intera Contea tirolese venne divisa in tre soli Circoli (o meglio Reggenze di circolo) per Innsbruck, Bolzano e Trento e quello di questi che comprendeva il territorio trentino era diviso a sua volta in 6 Distretti politici (o Capitanati distrettuali). Il numero dei distretti veniva quindi fortemente ridotto (da 35 a 6), anche per motivi economici, ma questo accorpamento ancora una volta non piacque ai trentini. Poco tempo dopo quindi, nel 1854, distretti politici e giudiziari vennero di nuovo unificati e si crearono gli Uffici distrettuali misti, che durarono fino al 1868.

Nel 1868 infatti una nuova riforma abolì i Circoli e divise il Trentino in 8 Distretti politici (o Capitanati distrettuali), ognuno dei quali comprendeva più Distretti giudiziari.

Il periodo dei governi provvisori e delle occupazioni militari nel ventennio 1796–1815 aveva messo ancora più in rilievo l'importanza delle autorità comunali.

Nel periodo napoleonico si cercò di ridurre il numero dei comuni trentini aggregandoli a forza.[42] Questa iniziativa venne contestata con forza dalla popolazione, che accolse con soddisfazione il provvedimento con cui nel 1819 gli Asburgo ripristinarono la situazione precedente. Tra il 1819 e il 1918 il numero dei comuni trentini oscillò quindi tra i 388 e i 371. Nel 1910, escludendo Trento e Rovereto, la loro popolazione media era di 934 abitanti.

Il compito principale degli amministratori era sostanzialmente quello di amministrare i beni comunali, fossero essi molti o pochi. Nella stragrande maggioranza dei casi, erano pochi.

L'apparato burocratico dei comuni era ridotto al minimo: generalmente venivano eletti un Capocomune, una Deputazione (con le funzioni della nostra giunta, spesso solo due persone), un Cassiere, un Esattore, alcune guardie comunali ricompensate con denaro o prodotti, il cui compito era sorvegliare *«gli orti, le campagne, i campi, i prati, le frutta e le uve, di rintracciare e fermare la mala gente, gli scioperati e le persone sospette e di prestare i loro servigi pel mantenimento della pubblica sicurezza»*. Una situazione che rispecchiava quella dei secoli precedenti e che valeva per la maggioranza dei centri (i cosiddetti Comuni Rurali), mentre Riva, Ala ed Arco, considerate Città Minori, e Trento e Rovereto (Città Maggiori), avevano strutture più complesse.

Nel 1862 venne emanata una legge che riguardava tutti i Comuni dell'impero e nel 1866 una specificamente per i comuni tirolesi. Il comune aveva attribuzioni «naturali» e altre «delegate» dall'amministrazione provinciale e statale. Le attribuzioni naturali erano quelle in cui il comune (pur rispettando le leggi statali e provinciali) poteva operare autonomamente, decidendo in autonomia e portandole a termine *«entro i suoi confini colle proprie sue forze»*. Visto che i comuni trentini erano generalmente molto piccoli e poveri (appunto perché molto frammentati), in realtà questa autonomia era più ideale che reale.

Gli ambiti di attività dei comuni tuttavia erano molti: attività giuridica (stato civile, anagrafe, leva), attività sociale (istruzione, igiene, beneficenza, opere pubbliche), mezzi economici (finanza comunale, imposte), controllo delle attività private (polizia annonaria, sanitaria, personale di servizio, moralità, edilizia, incendi[43] ecc.). Le attività economicamente più impegnative erano quelle relative alle scuole (erezione, mantenimento e dotazione) e il sostegno alle famiglie in difficoltà, cui i comuni erano obbligati («diritto di incolato»). Per questo spesso erano le stesse autorità comunali a spingere all'emigrazione chi non aveva mezzi di sostentamento.

Alle città maggiori (quindi Trento e Rovereto) venne riconosciuta la possibilità di avere uno statuto proprio, continuando una tradizione vecchia di secoli.[44] Quello della città di Trento venne approvato nel 1851, anche se questo e quello di Rovereto divennero effettivamente operativi solo dal 1869. Ovviamente lo stato manteneva delle funzioni di controllo; ad esempio l'elezione del Podestà (Capocomune nei centri minori) doveva essere ratificata dall'imperatore, e in qualche caso questa approvazione non venne concessa.

Grazie a queste norme i centri maggiori, soprattutto Trento, riuscirono verso la fine dell'800 ad avviare delle iniziative economico-sociali di grande rilievo, che ebbero effetti positivi anche sulle vallate vicine. A Trento, prima città in Europa, attraverso un'azienda municipale venne introdotta l'energia elettrica a servizio dell'utenza privata e imprenditoriale.

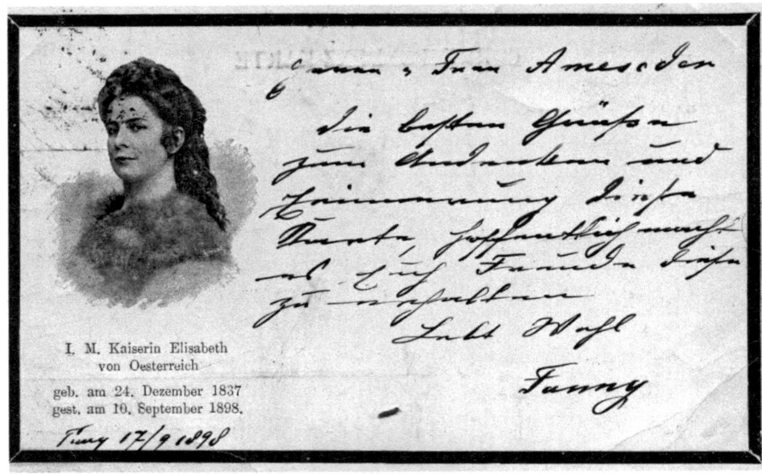
I. M. Kaiserin Elisabeth
von Oesterreich
geb. am 24. Dezember 1837
gest. am 10. September 1898.

17/9 1898

Cartolina commemorativa dell'imperatrice Sissi, spedita una settimana dopo il suo assassinio.

Come si è detto, nonostante il generale consenso verso il sistema amministrativo asburgico, il numero dei membri trentini della Dieta e la concentrazione ad Innsbruck dei maggiori uffici diedero vita a una lunga serie di richieste di un'amministrazione separata. Vediamole più in dettaglio.

Nel maggio 1848 venne mandata alla Dieta di Innsbruck la cosiddetta «Protesta dei 5.000» (dal numero dei firmatari, tra i quali Capicomune, parroci e altre autorità). Pochi mesi dopo, nel settembre 1848 venne mandato al Commissario e consigliere ministeriale Luigi Fischer il «Memoriale dei 3.439» (sempre dal numero dei firmatari).

Sempre nel settembre 1848 venne mandata all'Assemblea costituente di Vienna-Kremsier la «Petizione dei 46.000». Tutte chiedevano un'amministrazione separata per il territorio trentino.

Sempre nel 1848, i rappresentanti trentini eletti all'Assemblea di Francoforte chiesero la separazione del Trentino dal Tirolo anche se a Rovereto, principale centro manifatturiero tirolese, ben pochi avevano intenzione di staccarsi dal loro mercato principale.

Il fatto che gli elettori trentini continuassero a votare candidati che dichiaravano di voler praticare l'astensionismo prova che quella per l'autonomia era una battaglia condivisa dalla gran parte della popolazione, anche se meno dai ceti del grande possesso fondiario e della nobiltà, i cui deputati non furono astensionisti, e dall'alto clero, che aveva seggi riservati di diritto.

Questa pratica fece sì inoltre che i cittadini fossero continuamente chiamati alle urne per sostituire i deputati che rinunciavano al mandato dopo l'elezione. Nel decennio 1861–1871 le tornate elettorali furono ben 11!

L'astensionismo però dava ben pochi risultati, fatto su cui insistevano anche i deputati di madrelingua tedesca, i quali cercavano di convincere i colleghi trentini a partecipare ai lavori dietali. Dopo il 1871 infatti il partito cattolico trentino decise di interrompere questo tipo di politica, che venne invece continuata dal partito liberale. La svolta laica del governo austriaco e l'occupazione di Roma da parte italiana avevano convinto i cattolici trentini a partecipare alla Dieta di Innsbruck per difendere le caratteristiche cattoliche del Tirolo, considerate più importanti della questione autonomistica.

Nel 1871 venne presentato anche il progetto Hohenwart[45]-Sartori, con molte concessioni favorevoli ai trentini. Il progetto, appoggiato da tutti i ministri e presentato a Francesco Giuseppe proprio nel corso di una sua visita a Trento, venne però rifiutato dai delegati trentini perché non prevedeva una Dieta separata.

Le richieste e i progetti per l'autonomia si susseguirono numerosissimi per tutto l'800 e sarebbe qui impossibile nominarli tutti. I risultati sul piano politico e amministrativo tuttavia furono molto modesti, anche se il governo si dimostrava disponibile a concessioni sul piano delle strutture economiche.

La questione nazionale

Durante l'età moderna sul territorio trentino erano presenti molti poli di potere diversi, il che complicava la formazione di una coscienza «trentina», visto il sovrapporsi di molti confini: del principato, della diocesi, della pretura cittadina, delle giurisdizioni feudali, delle comunità locali e via dicendo, oltre alla presenza di poli di potere esterni come la Contea del Tirolo o il Sacro Romano Impero. La situazione non era più unitaria dal punto di vista della lingua, visto che erano e sono presenti popolazioni di lingua germanica, cimbra, ladina, italiana, e gli stessi dialetti sono diversi.

Nel corso dell'800 alcuni di questi confini scomparvero, e quando il territorio trentino venne a trovarsi al confine tra uno stato nazionale di lingua italiana e i territori di lingua tedesca di un impero multietnico, questo non fu senza conseguenze, anche se il nazionalismo interessò i ceti intellettuali più che la popolazione.

Negli anni '30 dell'800 c'era stata una ripresa dell'attività culturale, soprattutto ad opera di intellettuali (come Tommaso Gar e Agostino Perini) in contatto con l'ambiente italiano e liberale. Per questo la classe intellettuale trentina non si trovò impreparata allo scoppio dei moti del 1848.

Il 19 marzo 1848 infatti, in occasione della fiera di San Giuseppe, anche a Trento si ebbero dei disordini. Per calmare la folla le autorità dovettero chiedere l'intervento del vescovo, che riuscì ad evitare che gli scontri degenerassero. La sommossa aveva tre anime: una liberale legata all'aspettativa creata dalla promessa della Costituzione, una popolare che portò all'assalto degli uffici del dazio, ed una autonomista. Gli slogan inneggiavano a Pio IX[46], all'imperatore Ferdinando e alla Costituzione, mentre un gruppo di cittadini chiese al podestà di inviare una supplica all'imperatore per ottenere il distacco del territorio trentino dalla Contea del Tirolo e la sua unione al Lombardo-Veneto, richiesta che si inseriva all'interno delle proteste per la sottorappresentanza trentina nella Dieta tirolese. La supplica venne respinta meno di un mese dopo.

Nel frattempo era anche iniziata la guerra tra l'impero austroungarico e il Regno di Sardegna, che come si è accennato portò all'avanzata dei corpi franchi fino a Tione e Malè, dove vennero anche formati dei governi provvisori.

Tra aprile e giugno 1848 si tennero le elezioni per eleggere i rappresentanti trentini alla Dieta tirolese, all'Assemblea costituente di Vienna e a quella di Francoforte. A Francoforte la delegazione trentina (guidata dall'abate a Prato) chiese anche di uscire dalla Confederazione germanica, richiesta che venne negata. Venne invece inizialmente accolta, ma poi annullata, dall'Assemblea costituente di Kremsier la richiesta di creare una provincia autonoma per il Tirolo italiano.

Nel luglio 1848 scoppiò anche il caso di don Giuseppe Grazioli, cappellano di Ivano Fracena, che era già stato segnalato alla polizia per aver manifestato simpatia verso la «rivoluzione italiana» ed era stato messo sotto sorveglianza. Grazioli arrivò ad essere accusato di alto tradimento, arrestato e incarcerato, ma riacquistò la libertà già alla fine di agosto, grazie ad un'amnistia.[47]

Il clero trentino era diviso tra chi seguiva il nuovo indirizzo «cattolico-nazionale» aperto alla collaborazione con i liberali, e chi rimaneva legato ai tradizionali atteggiamenti conservatori. Uno dei maggiori esponenti del nuovo indirizzo cattolico-nazionale, don Emanuele Bazzanella, si definiva ad esempio *«sinceramente cattolico col Papa in religione e cattolicamente nazionale con l'Imperatore in politica»*. La posizione della Chiesa sul problema nazionale del resto era quella di un'istituzione fondata sulla visione universalistica e quindi «sovranazionale», anche perché le istanze nazionali erano collegate al liberalismo, che suscitava poca simpatia nella Chiesa. Diverso fu l'atteggiamento quando le società pangermaniste iniziarono ad operare in regione, perché si temeva che tramite esse si diffondesse anche la religione protestante. In questo caso il clero svolse un'attiva opera di contrasto, a difesa delle tradizioni cattoliche del territorio.

Nel 1859 scoppiò un nuovo conflitto tra l'impero austroungarico e il Regno di Sardegna. Le truppe franco-piemontesi non volevano però invadere il territorio trentino, perché questo faceva parte della Confederazione germanica e quindi sarebbe stato impossibile rivendicarlo. Le pressioni in tal senso degli intellettuali trentini trasferitisi nel Regno di Sardegna non ebbero quindi successo, anche se l'impero perse la Lombardia e nel 1860 il Regno di Sardegna si trasformò nel Regno d'Italia.

Nel 1866 scoppiò un'altra guerra che vide contrapposti l'impero austroungarico e i Savoia, ormai alla guida del Regno d'Italia. I Savoia erano certi di ottenere il Veneto, mentre i territori trentini potevano essere reclamati se fossero stati invasi dalle truppe sabaude, sulla base del diritto definito *«uti possidetis»*. Per questo venne appoggiata l'iniziativa dei volontari garibaldini che arrivarono a Bezzecca, mentre le truppe regolari italiane arrivarono lungo la Valsugana fino a Pergine. L'invasione tuttavia risultò inutile, perché nei trattati di pace il Regno d'Italia ottenne solo il Veneto. Fu anzi controproducente, perché un'invasione non era certo il modo migliore per accattivarsi la simpatia della popolazione, che infatti, a differenza del ceto intellettuale, rimase sempre ostile all'annessione al Regno d'Italia.

L'occupazione di Roma del 20 settembre 1870 (e quindi la fine del potere temporale del Papa) venne accolta con entusiasmo negli ambienti nazional-liberali, anche trentini. I clericali invece raccolsero oltre 92.000 firme di protesta.

Nel 1871 il vescovo Riccabona emanò due Pastorali, una in cui condannava le nuove leggi confessionali, l'altra in cui invitava ad eleggere alla Dieta solo deputati di sicura fede cattolica. Questa presa di posizione ebbe effetto anche sulla collaborazione tra deputati liberali e clericali, che cessò.

I vescovi seguenti cercarono, pur essendo fedeli alla monarchia, di mantenere un equilibrio tra l'elemento italiano e quello tedesco della diocesi, ma soprattutto tra il clero nazionalista e quello conservatore. A preoccupare era come detto soprattutto il collegamento dell'ideale nazionale col liberalismo e il laicismo.

Nel 1874 il Ministro degli esteri Andrássy inviò al governo italiano una nota in cui sottolineava che non sarebbe mai stata ammessa la legittimità dei confini linguistici per la minoranza italiana, per non suscitare le stesse richieste nelle altre nazionalità. Questa nota rese il governo italiano molto più freddo rispetto ai gruppi di irredentisti, i quali dovettero continuare la loro attività all'interno di associazioni e circoli.

Nel 1879 ad esempio i trentini emigrati per motivi politici nel Regno d'Italia avevano fondato una propria associazione, il «*Circolo Trentino di Milano*». Ufficialmente questo circolo si occupava solo di beneficenza, ma in realtà svolgeva anche attività politiche.

Tra il 1876 e il 1877 si ebbero una serie di iniziative di stampo irredentista, anche se il termine «irredentismo» iniziò ad essere utilizzato solo nel 1877, quando sorse a Napoli l'«*Associazione in pro dell'Italia Irredenta*», secondo la quale il processo unitario non doveva considerarsi concluso con la conquista di Roma. A questo gruppo aderì anche Scipio Salvotti, figlio del consigliere imperiale Antonio Salvotti, il giudice che aveva condannato Silvio Pellico nel 1821. Queste iniziative del 1876 e '77 portarono allo scioglimento delle associazioni sospette come la «*Società Alpina del Trentino*», fondata nel 1872 da Prospero Marchetti e Nepomuceno Bolognini, i quali oltre all'amore per la montagna avevano in comune anche le opinioni politiche irredentiste. Essa venne ben presto rifondata come «*Società degli Alpinisti Tridentini*» (SAT).

Nel 1882, la stipulazione della Triplice alleanza tra Impero austro-ungarico, Impero tedesco e Regno d'Italia mise fuori legge l'irredentismo. L'attività delle associazioni si spostò quindi dal piano politico a quello culturale. Nel 1885 nacque ad esempio la «*Pro Patria*», autorizzata dalle autorità. Venne però sciolta nel 1890 per aver espresso solidarietà con un telegramma alla neo costituita società italiana «*Dante Alighieri*». L'associazione aveva appena avviato la raccolta fondi che avrebbe portato all'erezione del monumento a Dante, in risposta a quello costruito a Walther von der Vogelweide a Bolzano.

Alla fine del 1891 venne quindi costituita a Trieste la «*Lega Nazionale*», anch'essa autorizzata dalle autorità e presto diffusasi anche in Trentino (nel 1914 raccoglieva in tutto 8.000 soci).

Nel 1902 venne fondata la *«Trento e Trieste»*.

L'attività di queste associazioni non va considerata solamente irredentista, perché lo spostamento dei confini col passaggio del Trentino all'Italia era una soluzione condivisa solo da una parte di coloro che difendevano l'italianità culturale del Trentino. Da parte ufficiale del resto non c'erano disegni preordinati di germanizzazione, anzi la legge costituzionale del 1867 tutelava tutte le minoranze nazionali dell'impero. Il Trentino conservò le scuole di lingua italiana, la lingua italiana come lingua ufficiale negli atti amministrativi e della giustizia, la libertà di associazione anche, come si è visto, per società dichiaratamente filoitaliane e irredentiste. Eventuali deviazioni da questa linea sono concentrate verso la fine dell'800 e sono imputabili all'attività delle società pangermaniste.

Con la Triplice Alleanza siglata nel 1882 e rinnovata nel 1887 ai nazionalisti venne quindi a mancare l'appoggio dello stato italiano; l'irredentismo diventò anzi fuori legge. L'isolamento rafforzò la volontà di organizzarsi: nel 1885 si giunse quindi nel Parlamento alla costituzione di un «club autonomo trentino», ma solo nel 1897 si costituì un «club italiano» composto da deputati sia trentini che adriatici; i contrasti all'interno del gruppo fra liberali e clericali tuttavia non tardarono a manifestarsi.

Lo scontro quindi fu più sul piano culturale che su quello politico, e spesso avvelenato dalle intromissioni delle associazioni pangermaniste, le quali non avevano nulla a che fare con la cultura multietnica dell'impero, né con quella mistilingue tirolese.

Studi sui rapporti tra il dialetto trentino e la lingua italiana e tedesca vennero condotti ad esempio già in tempi non sospetti: è il caso degli studi sul dialetto roveretano e quello perginese pubblicati da membri dell'Accademia degli Agiati di Rovereto verso il 1760, o delle opere sul dialetto e i proverbi di Giambattista Azzolini, scritte verso il 1836. Spesso però questi testi vennero pubblicati decenni dopo, quando il clima culturale era molto cambiato.

Anche gli studi sulla storia locale col tempo diventarono sempre più un modo per sostenere tesi politiche. Iniziò allora una battaglia culturale: visto che l'obbiettivo era il distacco del Trentino dal Tirolo, si fece il possibile per marcare le differenze tra i due territori. Inizialmente ci si rivolse alla storia romana, che aveva però connotazioni troppo «internazionali», quindi ci si concentrò piuttosto sul fenomeno tutto italiano dei comuni medievali, vittoriosi contro l'imperatore tedesco. Venne quindi esaltato il ruolo della città di Trento; nel 1856 ad esempio venne fondata la Biblioteca Comunale di Trento e affidata a Tommaso Gar, che iniziò subito a pubblicare una serie dedicata agli statuti comunali. Pochi anni dopo, nel 1865, alla vigilia della terza guerra d'indipendenza, l'Italia festeggiò i 600 anni dalla nascita di Dante Alighieri, che anche in Trentino venne preso a simbolo della cultura comunale italiana. Proprio in questo periodo si iniziò ad usare il termine «Trentino» per definire politicamente un ambito territoriale che in realtà non era mai stato amministrativamente unito.

Nello stesso periodo un processo identitario analogo si sviluppava nella parte settentrionale del Tirolo, che però puntava sulle tradizioni religiose e contadine. La riscoperta della storia locale avvenne qui grazie a docenti dell'università di Innsbruck, che spesso venivano dalla Germania, dove andavano per la maggiore le teorie che associavano indissolubilmente nazionalità e lingua.

Il passaggio dal piano culturale a quello politico diventò realmente significativo nel quarantennio precedente allo scoppio della Prima guerra mondiale, un periodo in cui quest'operazione (definita di «invenzione della tradizione») veniva compiuta anche in altri territori. Lo scontro tuttavia rimase confinato perlopiù agli ambienti accademici, senza arrivare ad avere riflessi sulla vita quotidiana (la convivenza tra gruppi linguistici continuò senza problemi).

Con l'avanzare del pangermanesimo quindi si diffuse la paura di uno snaturamento della cultura trentina, perciò per contrasto si iniziò ad insistere sulle caratteristiche italiane di questa. Soprattutto nelle aree abitate dalle minoranze linguistiche si assisteva ad un vero e proprio braccio di ferro tra l'opera delle società pangermaniste e quelle italiane. Il pangermanesimo era inoltre particolarmente temuto dagli ambienti clericali, perché esso, di matrice germanica e non austriaca, era spesso legato ad ambienti di religione protestante.

Nel 1880 venne fondata la società austriaca «*Deutscher Schulverein*» (200.000 soci). Nel 1881 quella germanica «*Verein für das Deutschtum im Auslande*». Nel 1889 venne fondata l'associazione pangermanista «*Südmark*» (80.000 soci) e nel 1905 il «*Tiroler Volksbund*» (22.000 soci).

Il «*Tiroler Volksbund*» sosteneva che la nazionalità non dipendesse dalla lingua, ma dalla razza, e che pertanto i trentini erano tedeschi parlanti italiano.

Anche la reazione da parte degli intellettuali italiani si fece sempre più forte, e così nel 1906 Ettore Tolomei (roveretano di origini toscane) fondò la rivista «*Archivio per l'Alto Adige*», in cui trasformò la tutela della cultura linguistica italiana dai pangermanisti in un attacco di segno opposto alla cultura sudtirolese. Mentre inoltre la maggior parte degli irredentisti si rifaceva al confine etnico-linguistico (confine di Salorno), i più radicali come Tolomei volevano che il confine, per motivi politico-strategici, fosse fissato al Brennero, cosa che poi avvenne.

Nel 1904 (l'anno delle tensioni sulla questione universitaria), l'imperatore nominò vescovo Celestino Endrici, che nel 1913 pubblicò il testo «*Doveri dei cittadini cristiani verso il Principato civile con speciale riguardo al clero*», secondo il quale i doveri principali del clero erano due: inculcare alla popolazione l'obbligo di obbedienza e fedeltà alle autorità, in particolare al sovrano, e pregare per la sacra persona del sovrano e la sua famiglia. L'Endrici, pur fedele alla dinastia, difese con forza la cultura italiana in Trentino dall'ingerenza del «*Tiroler Volksbund*», i cui dirigenti reagirono allora accusandolo di irredentismo. Per questo allo scoppio della Prima guerra mondiale, per evitare di dover sottoporre il vescovo a un processo, il governo lo obbligò a risiedere nel convento di Heiligenkreuz. Anche la Santa Sede mantenne un atteggiamento molto cauto rispetto al suo confino, senza intraprendere alcuna azione ufficiale.

Scuola

Un groviglio storico di poteri religiosi, temporali, politici e amministrativi era quindi alla base dell'abitudine dei trentini all'autogoverno, che si concretizzava negli statuti e nelle carte di regola delle comunità. Ne derivava una partecipazione diretta dei cittadini ai problemi di interesse comune, tra i quali l'organizzazione della scuola primaria.

Le famiglie infatti avevano la necessità di mantenere i contatti con i figli inviati altrove nei mesi estivi a svolgere attività agricole e pastorizie, oltre che di metterli in grado di badare a se stessi e non farsi imbrogliare nel conteggiare il salario. Vi era inoltre in molti l'ambizione di raggiungere un migliore livello sociale con la carriera ecclesiastica o amministrativa.

La scuola fu dunque per i trentini un tema sempre sentito e quindi non c'è da stupirsi se fin dal'600 e '700 molti benefattori fecero dei lasciti per essa. La funzione di maestri era affidata quasi sempre a religiosi e il ginnasio di Trento era retto dai Gesuiti. Grazie a questa attenzione furono molti gli intellettuali trentini che a fine '700 riuscirono ad avere importanti incarichi all'interno e all'esterno del principato. Tra questi Giambattista de Gaspari, di Levico, che fu artefice della prima riforma scolastica della monarchia asburgica riguardante gli studi superiori. Il giurista trentino Carlo Antonio Martini venne invece incaricato dell'educazione degli imperatori Giuseppe e Leopoldo.

Con Maria Teresa si chiuse, seppur gradualmente, il lungo periodo dell'educazione affidata ai religiosi e si aprì l'era della scuola laica, con la «*Schulordnung*» del 1774, immediatamente applicata nelle località trentine appartenenti alla contea tirolese. Solo due mesi dopo la sua promulgazione a Rovereto infatti sorse la prima «Scuola normale», formata di tre classi più una quarta per l'insegnamento in tedesco.

I tipi di scuole erano tre: «normali» (con 4 classi, per le città maggiori, cui era affidata la preparazione dei futuri insegnanti); «principali» (per le città sedi di distretto); «triviali» o «rurali» (in tutti i villaggi, dove si insegnavano tre sole materie: leggere/scrivere, far di conto, religione). La scuola era aperta a tutti i bambini, anche a quelli *«incapaci affatto di pagare»* e c'erano delle «scuole di ripetizione» tenute ogni festa e domenica per i giovani dai 13 ai 20 anni che non avessero proseguito gli studi, per evitare l'analfabetismo di ritorno.

Provvedimenti simili vennero ben presto introdotti anche dalle autorità del Principato vescovile di Trento e nel 1788 un'ispezione trovava *«quella tenera gioventù ottimamente istruita nella lingua italiana e tedesca e insieme prontissima a rispondere ad ogni quesito»*.

Dopo l'annessione le disposizioni si uniformarono su tutto il territorio e pochi anni dopo l'alfabetizzazione nel Trentino raggiunse una percentuale tra le più elevate d'Europa. Nel 1880 le statistiche davano per il Tirolo italiano il 12,07 % di maschi ed il 16,32 % di femmine analfabeti, mentre in Italia alla stessa data la media generale era del 62 %.

Il sistema di valutazione, che prevedeva quattro voti: E (= Eminente), 1, 2, 3 (3 era il voto di insufficienza che impediva il passaggio alla classe successiva), venne introdotto nel 1805 e sopravvisse nelle scuole elementari trentine fino al 1938.

La sostituzione della scuola statale a quella privata fu però un obiettivo più teorico che pratico: i vecchi maestri, in gran parte religiosi, rimasero al loro posto, e anche le vecchie sedi scolastiche vennero utilizzate a lungo. Nel ginnasio ad esempio i docenti religiosi erano il 90 % fino al 1848 e circa il 40 % fino al 1918.

La parità di insegnamento tra ragazzi e ragazze non trovò facile accoglienza tra le famiglie. Era comunque presente una differenza di orario e di programmi tra la sezione femminile (dove non si superavano le 26 ore settimanali) e quella maschile, dove nell'ultima classe si raggiungevano le 33 ore.

Fino al 1892 la condizione economica dei maestri fu talmente precaria da costringerli ad accettare anche altre occupazioni, quindi erano spesso nominati sacrestani, organisti, maestri del coro ecc. per arrotondare il loro stipendio, che raggiungeva a stento, dopo anni di servizio, le 120 corone annue, e per le maestre soltanto 100; per esse inoltre la professione era incompatibile col matrimonio. I maestri chiedevano quindi di passare alle dirette dipendenze dello stato, invece che dei comuni, per poter godere dello stesso trattamento economico degli altri impiegati.

Gli stipendi degli insegnanti del ginnasio[48] erano fissati a seconda delle materie di insegnamento e all'esame orale degli insegnanti che concorrevano per le cattedre dovevano assistere per legge anche alcuni dei migliori studenti scelti da ogni classe. Tutti i ginnasi dell'impero utilizzavano come lingua veicolare il latino, non solo per l'insegnamento delle varie materie, ma anche per le iscrizioni, le attestazioni, i giudizi ecc. In un regno multietnico l'uso del latino era necessario per la circolazione dei libri di testo e dei documenti. La lingua e la letteratura italiane vennero insegnate nei ginnasi solo dopo le riforme del 1848.

L'italiano veniva invece insegnato nella scuola popolare, anche se su testi tradotti, a volte con molti errori, dal tedesco. Una lenta evoluzione si ebbe solo dopo l'anno 1869, quando i libri di lettura vennero composti da maestri italiani, ma si ebbero così testi legati al toscano o alla lingua «alta», molto lontana dal linguaggio comune. In ogni caso tutti questi testi, pur coi loro difetti, diffondendo l'alfabetizzazione permettevano poi di accostarsi a giornali, libri, periodici e almanacchi, tutti molto diffusi.

Per quanto riguarda la scuola ladina in val di Fassa, a partire dal'600 qui la Chiesa aveva introdotto, accanto al latino, l'italiano come lingua della predicazione e del catechismo, favorendo il bilinguismo, che si accentuò quando nelle scuole ai sacerdoti vennero sostituiti i laici. In val di Fassa la scuola restò infatti italiana nonostante la valle fosse aggregata alla diocesi di Bressanone fino al 1819 e nonostante la presenza di parroci quasi tutti ladini di nascita. Era perciò facile per loro parlare in ladino nelle prediche e quest'uso è documentato fino alla fine dell'800. Per giungere alla prima compilazione di una grammatica gardenese a stampa tuttavia si dovette attendere il 1864. Quindi solo di recente il ladino ha acquisito strumenti tali da poter essere insegnato a scuola.

L'uso di lettere e cartoline era davvero molto frequente, in alcuni casi paragonabile a quello dei nostri SMS. E ben prima delle faccine delle «emoticons», era il volto di Francesco Giuseppe ad essere usato per dire «ti amo».

In seguito ai moti del 1848 vennero emanate anche delle riforme riguardanti l'istruzione, ad esempio istituendo delle scuole tecnico-scientifiche. Innsbruck e Rovereto si mossero allora perché fossero istituiti due istituti di questo tipo (uno in lingua tedesca e uno in lingua italiana) anche in Tirolo.

Rovereto riuscì a raccogliere i fondi necessari e nel 1870 venne completato l'iter per l'istituzione di una scuola con sette anni di insegnamento molto rigoroso. La scuola divenne di alto, ma difficile profilo sperimentale e da essa uscirono numerosi giovani distintisi poi nelle professioni scientifiche e nelle arti. Qui basti ricordare alcuni protagonisti dell'arte del'900: Adalberto Libera, Fausto Melotti, Tullio Garbari, Fortunato Depero.

Nello stesso periodo a Trento, per iniziativa del principe vescovo de Tschiderer, si decise di istituire una scuola per sordomuti che nel 1853 trovò sede in via San Bernardino. Rinnovata e ampliata, la struttura ospita tuttora la scuola. In essa trovarono posto molti laboratori; lo scopo era quello di garantire ai giovani sordomuti, che prima non avevano accesso all'istruzione, la possibilità di vivere del proprio lavoro.

Un decennio dopo, nel 1863, tornò a funzionare a Trento anche il ginnasio arcivescovile privato. Si occupava dell'educazione dei giovani destinati al sacerdozio, ma anche di laici. Solo alcuni decenni più tardi, nel 1906, il Ministero per il Culto e l'Istruzione concesse al ginnasio il diritto di ospitare la commissione per gli esami di maturità e di rilasciare attestati riconosciuti dallo stato, mentre prima gli studenti dovevano sostenere l'esame altrove come privatisti. Trasferito in un nuovo istituto, anche l'Arcivescovile è tuttora attivo.

Anche le scuole femminili ebbero in questo periodo un rinnovato incremento. Con la soppressione del convento delle Orsoline nel 1816 infatti, a Trento era venuta a mancare una scuola femminile, che dovette essere istituita dal Comune a proprie spese. Le Figlie del Sacro Cuore, che si fusero con le Dame Inglesi, aprirono poi un'altra scuola nel 1845 e nel 1893 estesero la loro attività anche a Cavalese. Anche l'Istituto Sacro Cuore è ancora attivo.

Gli anni 1867-1870 segnarono per la scuola trentina un nuovo momento di evoluzione qualitativa. In quegli anni venne varata una riforma scolastica fondamentale che attribuendo allo stato *«il diritto di suprema direzione su tutto il ramo dell'istruzione e dell'educazione»*, stabiliva un limite nel rapporto tra scuola e Chiesa.

Una conseguenza fu la maggiore attenzione alla preparazione e alla dignità dei maestri; il salto di qualità si ebbe con l'erezione di due istituti magistrali statali nel 1870: quello femminile a Trento, quello maschile a Rovereto. Vi si poteva accedere a 15 anni previo esame di ammissione, per frequentarvi quattro anni. Anche la situazione economica dei maestri andò gradualmente equiparandosi a quella degli altri impiegati statali.

Il numero degli insegnanti elementari nel 1870 era di 1.043 (520 erano maestri e 514 maestre, oltre agli ispettori), a fronte di una popolazione scolastica di 49.000 bambini. Il numero delle maestre cominciò ben presto ad aumentare e a fine '800 a fronte di 437 maestri si contavano 802 maestre in servizio per 493 scuole pubbliche e 65.723 scolari della scuola d'obbligo, senza tener conto delle venti scuole private. Non occorrono altri elementi per capire la diffusione della scuola primaria e il conseguente scarsissimo analfabetismo nel territorio trentino: secondo la statistica di Cesare Battisti, alla fine del secolo esso si ridusse al 3,4 %.

La più importante innovazione scolastica introdotta nel 1869 fu però l'elevazione dell'obbligo scolastico fino al compimento del quattordicesimo anno di età[49], con l'istituzione delle «*Bürgerschulen*», le scuole civiche. In esse l'insegnamento del tedesco a fianco della madrelingua era obbligatorio, e vi si potevano aggiungere una o due altre lingue straniere.

Alla fine dell'800 e all'inizio del'900 le iniziative statali e dei comuni per il miglioramento culturale della gioventù si moltiplicarono, anche con una diversificazione delle offerte formative. A Rovereto nacque il civico liceo femminile; per la donna si pensavano sempre programmi utili per il suo ruolo di padrona di casa e madre, ma era pur sempre un tentativo di nobilitarne il ruolo e di attribuirle una cultura adeguata ai tempi.

Nel 1874 vennero creati due corsi di scuola commerciale, istituto governativo ma con contribuzione municipale. Le iscrizioni crebbero velocemente e nel 1875 venne attivato anche un corso serale.

Nel 1874 venne aperto anche l'Istituto agrario di San Michele, nel castello già appartenuto agli Agostiniani, che includeva anche la campagna circostante. Essendo un centro rivolto all'intero Tirolo, l'insegnamento era bilingue. Qui si esaminavano e paragonavano le diverse colture, pubblicando i risultati delle analisi e compiendo ricerche su diretta richiesta degli agricoltori. Nel 1887 all'Istituto venne affidato anche il compito di istruire gli agricoltori con «docenti ambulanti».

I poli universitari di riferimento per gli studenti trentini erano: Vienna, Graz e Innsbruck nell'area linguistica tedesca dell'impero e Padova e Pavia in quella italiana. Dopo il 1866 e la perdita del Lombardo-Veneto però nacque l'esigenza di creare una nuova università nella parte italiana dell'impero.

Vennero attivati dei «corsi paralleli» in italiano presso l'università di Innsbruck, ma questi vennero ritenuti insufficienti. Prima i trentini, poi i dalmati crearono quindi nel 1892 un comitato interuniversitario che venne però inquisito e sciolto dalla polizia. L'anno seguente gli studenti universitari nonesi a Innsbruck convocarono un convegno a Cles, e nello stesso anno si gettarono le basi organizzative della «Società degli studenti trentini».

Nell'ottobre 1896 venne fondata a Trento anche l'«Associazione degli studenti cattolici trentini» (il cui organo di stampa era la «Rivista trentina», diretta nei primi anni da Alcide Degasperi), in opposizione al forte laicismo della Società degli studenti trentini. Il confronto ideologico piuttosto acceso tra i due gruppi studenteschi trovò un accordo sull'università al grido di *«Trieste o nulla»*, che indicava l'opposizione per principio a qualsiasi concessione governativa. L'università italiana per buona parte degli studenti trentini e triestini era infatti diventata *«quella cosa che si deve pretendere sempre, ma non avere mai»*.

La questione universitaria divenne presto di primo piano, con piccoli contrasti che diventarono veri e propri scontri nella notte tra il 3 e il 4 novembre 1904 a Innsbruck, durante i quali la sede dell'Università fu completamente distrutta, i 138 studenti italiani (compresi Degasperi e Battisti) arrestati, un giovane ladino filo-tedesco perse la vita, 30 persone rimasero ferite e vennero commessi gravi atti di vandalismo a danno di commercianti italiani residenti a Innsbruck.

Questo episodio convinse le autorità austriache, tramontato il progetto di istituire una facoltà giuridica a Rovereto per opposizione della città, a trasferire i corsi in lingua italiana da Innsbruck a Vienna. La soluzione non fu tuttavia definitiva, tanto che nel novembre del 1908 duecento studenti di lingua italiana si asserragliarono nell'università di Vienna per sensibilizzare l'opinione pubblica.

In seguito si parlò ancora della possibilità di attivare una facoltà giuridica in lingua italiana a Trieste, ma il progetto era ancora tale allo scoppio della guerra nel 1914.

Chiesa

Prima dell'800 la Chiesa trentina era guidata dal vescovo (normalmente affiancato da uno o più vescovi coadiutori), che in alcune zone era anche principe con poteri temporali, e dal Capitolo del Duomo[50]. Sul territorio erano presenti parroci, cappellani ecc. definiti «clero secolare» e frati e monache, definiti «clero regolare» (perché seguivano una regola).

Nel 1803 la diocesi di Trento si estendeva a nord fino a Bolzano e aveva una popolazione di 192.827 anime. Nel 1837, in seguito al suo ampliamento, la popolazione era di 404.381 persone, delle quali circa due terzi di lingua italiana e un terzo tedesca.[51] Sempre nel 1837, la città di Trento aveva 12.466 abitanti e quattro chiese parrocchiali: il Duomo, Santa Maria Maggiore, San Pietro e Santa Maria Maddalena. Nella diocesi, due erano le chiese collegiate (cioè con un Capitolo anche se senza un vescovo): una a Bolzano e una ad Arco.

In materia ecclesiastica il governo austriaco applicava una politica detta «gioseffinismo» (dal nome dell'imperatore Giuseppe II), che prevedeva un forte controllo statale sulla Chiesa e una sostanziale laicità dello stato. Il che non impediva ai sovrani asburgici di essere noti per la loro profonda fede cattolica.

Prima del 1815 quindi erano stati soppressi molti conventi anche nel territorio trentino: il clero regolare era stato fortemente ridimensionato al tempo di Giuseppe II e a causa delle invasioni[52]; esso superava infatti di poco i 100 individui. Il clero secolare e regolare (cioè sacerdoti, frati e monache) di tutta la diocesi trentina era complessivamente di 1.815 persone, 110 delle quali risiedevano fuori di essa. Erano poi diffuse, anche nelle valli, confraternite che raggruppavano i laici e svolgevano attività assistenziale e caritativa.

Dopo la secolarizzazione del Principato vescovile, le invasioni francesi e il passaggio sotto diverse amministrazioni, c'era quindi il bisogno di un'opera di sistemazione.

Dopo un primo momento di soddisfazione del clero trentino per il ritorno degli austriaci ci furono dei contrasti per il «gioseffinismo», una politica che naturalmente veniva applicata in tutte le diocesi dell'impero. Tra il 1815 e il 1825 infatti la politica ecclesiastica imperiale nel territorio trentino mirò a raggiungere questi obiettivi:

- ottenere il diritto di nomina dei parroci
- riordinare i confini della diocesi in modo che coincidessero con quelli amministrativi
- rendere la diocesi di Trento suffraganea (cioè dipendente da quella) di Salisburgo[53]
- ottenere il diritto di nomina del vescovo di Trento (come degli altri all'interno dell'impero)

Lo scontro iniziò a proposito della nomina dei titolari di tutte le parrocchie (oltre cioè che in quelle già di diritto sovrano). Nel 1816 il vescovo stipulò una convenzione provvisoria con il governo, con cui gli cedeva la «collazione» di dodici parrocchie tratte a sorte, in attesa che la questione venisse risolta definitivamente. Nel 1819 tuttavia un decreto governativo, mentre confermava alcune nomine fatte dal vescovo, ordinava che in futuro queste dovessero essere fatte tutte dal sovrano, chiudendo la questione.

Un'altra fu quella riguardante le nuove circoscrizioni ecclesiastiche. Come già nel 1785 ai tempi dell'imperatore Giuseppe II, si volevano far coincidere le giurisdizioni ecclesiastiche con quelle politico-amministrative.[54] Sulla questione la Santa Sede non oppose troppe difficoltà. Con una bolla del 1818 infatti il papa fissò i nuovi confini della diocesi di Trento, che rimasero validi, con pochi mutamenti, fino al 1918. La diocesi di Trento veniva a corrispondere al territorio dei tre capitanati circolari di Trento, Rovereto e Bolzano, includendo i decanati di Merano, di Silandro e della val Passiria, che prima appartenevano alla diocesi di Coira, nonché quelli della val Sarentino e della val di Fassa, già appartenenti alla diocesi di Bressanone.[55]

Si aggiungeva però ora una nuova richiesta da parte del governo austriaco: quella di sottomettere le diocesi del Tirolo-Vorarlberg alla diocesi metropolita di Salisburgo. Qui la Santa Sede si mostrò più resistente. Infine accettò che la Chiesa di Trento divenisse suffraganea di quella di Salisburgo, ma solo dopo che fosse morto il vescovo allora in cattedra, Emanuele Maria Thun, il che avvenne nell'ottobre 1818.

La sede rimase vacante fino al 1822, quando il papa concesse all'imperatore il diritto di nominare i vescovi di Trento e di Bressanone. Francesco I nominò quindi vescovo di Trento monsignor Francesco Saverio Luschin, carinziano, già consigliere per gli affari ecclesiastici presso il governo provinciale tirolese a Innsbruck.

Nel 1822 si ebbe la rifondazione dei seminari vescovili in Tirolo, con l'impiego di risorse statali. In cambio lo stato fissava regolamenti, piano di studi, libri di testo e rese obbligatoria per i docenti l'abilitazione presso una facoltà teologica (ma questa norma non venne sempre applicata). Gli studenti potevano godere di borse di studio solo se erano in possesso della maturità ginnasiale, il che determinò un buon livello culturale dei futuri parroci lungo tutto il secolo.

Una complicazione (o una ricchezza?) che accompagnò per tutto il secolo la storia del seminario teologico di Trento fu il bilinguismo, dovuto alla presenza dei seminaristi della parte tedesca della diocesi.

Gli ordinati furono mediamente: 30 all'anno negli anni Venti, 46 negli anni Trenta, 40 negli anni Quaranta e 44 negli anni Cinquanta, 29 negli anni Sessanta, 22 negli anni Settanta, 27 negli anni Ottanta, 34 negli anni Novanta, 31 nel primo decennio del'900 e 29 all'anno fino al 1914.

Se si considera l'intero '800 è facile notare che, contrariamente a quanto avvenne per le parrocchie e per il clero regolare, i parroci diminuirono sensibilmente. Nel 1826 erano 1.526, nel 1914 solo 1.079. Occorre però valutare in maniera corretta questa evoluzione, infatti non tutti i 1.526 sacerdoti del 1826 erano attivi nella cura d'anime.

Il seminario, inizialmente ospitato nella vecchia sede in via Lunga (oggi via Roma, nell'ex collegio dei Gesuiti ora Biblioteca), venne poi spostato in un nuovo edificio apposito, inaugurato nell'ottobre 1907 e tutt'ora attivo.

Sul clero regolare, come si è detto, si era abbattuta con violenza la tempesta del ventennio rivoluzionario.

Delle 32 comunità religiose maschili esistenti nel 1782 (7 in città e 25 sul territorio), nel 1826 ne sopravvivevano solo 24, tutte di Francescani minori e Cappuccini.[56] Dei 12 conventi femminili esistenti nel 1782 (appartenenti a nove denominazioni), nel 1826 ne sopravvivevano solo 6, appartenenti a quattro denominazioni. E si tenga presente che nel frattempo il territorio della diocesi si era molto ampliato.

Nel 1828 arrivarono a Trento le Canossiane, poi le Dame inglesi e le Figlie del Sacro Cuore di Teresa Verzieri. Tutte le nuove fondazioni appartenevano al nuovo modello delle congregazioni femminili con voti semplici e meno obblighi, ma molto attive nell'attività pastorale e caritativa (con ospedali, scuole, ospizi). Il governo vedeva quindi favorevolmente il diffondersi di questo tipo di comunità.

Anche nella vita religiosa maschile apparvero un po' alla volta denominazioni diverse, ad esempio i Benedettini a Gries e i Serviti a Pietralba. Nel 1855 sorse a Lana il primo convento dei sacerdoti dell'Ordine Teutonico secondo la riforma. Arrivarono poi i Pavoniani (1884) e Salesiani (1887). Nel 1860 i Francescani e Cappuccini erano presenti con 26 conventi (contro i 24 del 1826), ma con il doppio degli effettivi. I conventi femminili invece nello stesso lasso di tempo erano passati da 6 a 40, e triplicato il numero delle religiose.

Nel 1824 venne stabilita la restituzione alla Chiesa di Trento di tutti i beni che le erano appartenuti e che fino ad allora erano stati amministrati e goduti dallo stato. Tale restituzione venne ultimata solo nel 1826.

Nel 1825 papa Leone XII aveva emesso una bolla con cui riorganizzava le diocesi di Trento, Bressanone e Salisburgo. Veniva ridotto a otto il numero dei canonici del Capitolo, ognuno dei quali doveva essere sacerdote o almeno essere introdotto «*in sacris*». Secondo la bolla bisognava anche «*provvedersi a una conveniente residenza per i vescovi.*» Per questo nel 1826 l'imperatore cedette al vescovo il castello del Buonconsiglio, che non era più residenza vescovile dal 1796. Le trattative del vescovo Luschin con l'autorità governativa austriaca e quelle comunali si protrassero però per anni senza risultati e vennero riprese dal successore de Tschiderer nel 1835, bloccandosi sulla condizione irrinunciabile posta dal vescovo per l'accettazione del castello: l'abbattimento delle mura di cinta.

Le vicende della sezione trentina dell'Istituto della Carità di Antonio Rosmini sono un episodio emblematico dell'impatto del gioseffinismo. Nel gennaio 1831 Rosmini, incoraggiato dal vescovo Luschin, fondò a Trento una casa del suo Istituto che andò rapidamente sviluppandosi. Ben presto però iniziarono a manifestarsi opposizioni all'opera di Rosmini da parte dell'autorità politica, specialmente del governo di Innsbruck. Lo stesso vescovo si fece sospettoso. La motivazione era che la sede centrale dell'Istituto si trovava all'estero, in Piemonte. Verso la fine del 1833 la congregazione venne quindi sottoposta a sorveglianza da parte della polizia. Si temeva addirittura che l'Istituto della Carità fosse una ramificazione della mazziniana Giovine Italia.

Nel 1834 Rosmini venne invitato dal vescovo a concorrere per la parrocchia di San Marco a Rovereto, dove venne eletto parroco. Rosmini si dedicò intensamente all'attività pastorale, ma alla fine del 1835 i padri rosminiani dell'Istituto della Carità a Trento abbandonarono la città per l'ostilità delle autorità nei loro confronti; si era giunti fino a ritirare il passaporto a Rosmini impedendogli così di visitare la comunità di Domodossola. Ma determinante fu la lettera inviata a Rosmini nel 1835 dal nunzio papale a Vienna, nella quale si illustravano le condizioni poste per l'approvazione dell'Istituto della Carità. Dopo averle conosciute Rosmini, ormai privo anche del sostegno vescovile, rinunciò alla parrocchia di San Marco a Rovereto e sciolse l'Istituto fondato a Trento.

Nel frattempo, nel 1834 il vescovo Luschin aveva lasciato la diocesi di Trento, destinato dall'imperatore alla sede arcivescovile di Leopoli (oggi in Ucraina). Gli era successo Giovanni Nepomuceno de Tschiderer, nativo di Bolzano.

Dopo i moti del 1848, all'inizio del 1850 alcuni intellettuali trentini di sentimenti liberali-nazionali (tra i quali Tommaso Gar e Angelo Ducati) decisero di pubblicare un giornale che alimentasse lo spirito nazionale nella regione e chiesero all'abate Giovanni a Prato di diventarne redattore. Il «*Giornale del Trentino*» iniziò le pubblicazioni nel maggio 1850, trattando in modo aperto e aggiornato problematiche sociali, riportando notizie internazionali, affrontando i problemi locali e anche questioni di natura politico-religiosa.

Pochi mesi dopo però un gruppo di ecclesiastici della Vallagarina, con in testa il decano di Rovereto Benedetto de Riccabona, futuro vescovo, scrisse una lettera al vescovo di Trento protestando per l'ostilità contro la Chiesa manifestata da alcuni giornali, tra i quali il «*Giornale del Trentino*». L'abate a Prato venne quindi richiamato, e il «*Giornale del Trentino*» cessò le pubblicazioni nel settembre 1851.

Donatus Rief di Tannheim in Tirolo doveva essere un cacciatore famoso nel 1907, dal momento che lo troviamo ritratto in questa cartolina.

Nel 1855 tra il papa Pio IX e l'imperatore Francesco Giuseppe venne stipulato un Concordato che riconosceva il primato della giurisdizione papale, l'autonomia del diritto ecclesiastico e la posizione privilegiata del cattolicesimo rispetto alle altre religioni. Esso fissava inoltre il diritto di controllo da parte dei vescovi su tutte le scuole pubbliche, dichiarava i soli tribunali ecclesiastici competenti in materia matrimoniale e limitava sensibilmente i diritti dei non cattolici. Il Concordato ebbe vita breve e venne abrogato nel 1870, ma era già stato parzialmente superato dalla Patente costituzionale del 1860, che si basava sull'idea di stato laico, peraltro malvista in Tirolo.

Tra il 1860 e il 1870 quindi si ebbe un periodo di forti tensioni politiche tra lo stato asburgico e la Santa Sede. Nel 1861 venne nominato vescovo di Trento Benedetto de Riccabona, che nel 1863 invitò per lettera il clero e i fedeli a prepararsi a celebrare in modo solenne i 300 anni dalla chiusura del Concilio di Trento. Questa lettera pastorale, in cui si condannava duramente anche il protestantesimo, in disaccordo con la politica imperiale di tolleranza religiosa, provocò una forte reazione degli ambienti liberali e pochi giorni dopo questi cercarono di consegnare a tutti i vescovi arrivati a Trento il libro di Antonio Rosmini *«Le cinque piaghe della Santa Chiesa»*, condannato dalla Chiesa perché troppo progressista. L'episodio finì con il rogo dei libri nel cortile della curia vescovile.

Nel frattempo anche la politica di Pio IX, inizialmente chiamato il «papa liberale», era cambiata. Nel dicembre 1864 infatti aveva pubblicato un'enciclica cui era allegato il *«Syllabus errorum»*, un testo in cui condannava 80 errori politici e sociali dei tempi moderni. Questo testo suscitò le proteste dei liberali in tutto il mondo.

Nel 1867 il governo progettò di modificare i confini delle diocesi di Trento, Bressanone e Salisburgo, staccando dalla diocesi di Trento i dieci decanati tedeschi per unirli alla diocesi di Bressanone. Il governo di Innsbruck si rivolse ai vescovi di Trento e di Bressanone per avere i loro pareri, ma entrambi si dichiararono contrari. Anche il clero della parte tedesca della diocesi espresse la propria contrarietà e il progetto venne quindi abbandonato.

Nello stesso anno, nel dicembre 1867, vennero approvate le «cinque leggi fondamentali» della Costituzione austriaca. Una di queste, la *«Legge fondamentale dello Stato sui diritti generali dei cittadini per i Regni e Paesi rappresentati nel Consiglio dell'Impero»*, riguardava anche la posizione giuridica della Chiesa all'interno dello stato. In essa a ogni cittadino veniva assicurata la piena libertà di fede e di coscienza (art.

14) e si riaffermava (art. 15) quanto già garantito nel 1851 riguardo al diritto di ogni Chiesa o società religiosa di esercitare pubblicamente la propria religione. Particolare importanza per l'istruzione scolastica aveva l'articolo 17, che riconosceva allo stato «*il diritto di suprema direzione e sorveglianza su tutto il ramo dell'istruzione e della educazione*».

Le leggi cosiddette «confessionali» sul matrimonio civile e la scuola vennero discusse nel Parlamento dal luglio all'ottobre 1867 e nel maggio 1868 venne approvata anche la cosiddetta «legge interconfessionale» che riconosceva parità di diritti alle confessioni religiose non cattoliche. Il vescovo de Riccabona protestò vivacemente contro queste leggi, anche se lui, a differenza di altri vescovi austriaci più rigidi, riuscì a evitare lo scontro tra i sacerdoti insegnanti e l'autorità governativa.

Nel 1869 si aprì a Roma il Concilio ecumenico. Il vescovo de Riccabona partecipò all'inaugurazione e alle prime sedute conciliari: poco dopo però, colpito da un attacco apoplettico, fu costretto a ritornare a Trento. Il 18 luglio 1870 il Concilio approvò la norma in cui veniva affermata come dogma l'infallibilità del papa sulle dottrine di fede.

Pochi giorni dopo, il 30 luglio, l'imperatore revocò il Concordato.

Nel settembre 1870 le truppe del generale Cadorna entrarono a Roma. Numerosi vescovi dell'impero protestarono e indissero pubbliche preghiere per il papa. Una protesta firmata da quasi 92.000 cittadini della diocesi di Trento venne consegnata al vescovo de Riccabona e le proteste continuarono anche a distanza di vari mesi.

Fu allora che la lotta contro la laicizzazione dello stato si trasferì sul piano politico. Nell'agosto 1871 de Riccabona emanò una pastorale in cui dava direttive per l'elezione dei deputati alla Dieta e al Parlamento, sostenendo la necessità di eleggere uomini in grado di difendere gli interessi della Chiesa nelle aule parlamentari. Veniva così a cessare l'astensionismo che prima anche i cattolici praticavano per la questione autonomistica, e si creava una profonda frattura tra cattolici e liberal-nazionali: dopo qualche mese infatti, in ottobre, questi ultimi fondarono l'«Associazione nazionale liberale trentina», praticamente il primo vero partito.[57]

Nel gennaio 1874 il governo presentò al Parlamento nuovi progetti di legge «confessionali» ispirati al gioseffinismo. Tutte le leggi furono approvate nel 1875. L'abate Giovanni a Prato, che si era mostrato favorevole, sotto la minaccia del vescovo di essere sospeso «*a divinis*» (cioè scomunicato o quasi), dovette ritrattare il suo voto e per questo venne espulso dall'«Associazione nazionale liberale trentina».

Cartolina di propaganda bellica che celebra l'unione delle forze austroungariche e germaniche contro il nemico russo sul fronte orientale.

Nel marzo 1879 morì il vescovo de Riccabona e a novembre l'imperatore Francesco Giuseppe nominò vescovo Giovanni Giacomo Della Bona. Il suo episcopato, dal 1879 al 1885, fu caratterizzato dal lealismo del vescovo verso il governo e dalla sua azione volta a favorire l'elemento tedesco della diocesi (specie nella zona mistilingue e nelle isole germanofone) per frenare le istanze nazionali.

Dopo la morte di Della Bona venne nominato nel 1886 Carlo Eugenio Valussi, decano del capitolo di Gorizia e deputato al Parlamento di Vienna, ben accetto al governo e all'imperatore. Nel 1904 gli successe Celestino Endrici.

Endrici fu subito impegnato a contrastare l'opera del «*Tiroler Volksbund*». Si preoccupava in particolare che in alcune valli trentine (in particolare la val di Fassa, la Val dei Mocheni e l'altopiano di Lavarone) non si diffondesse il protestantesimo attraverso i canali della lingua e della cultura germanica (ben diversa da quella tirolese, cattolicissima e improntata alla convivenza). Nella sua opposizione il vescovo venne appoggiato dal giornale dei popolari: *«Il Trentino»*, il cui direttore Alcide Degasperi dal 1906 scriveva forti articoli contro l'attività dell'associazione tedesca.

Nel 1908 Endrici inviò al papa una relazione sullo stato della diocesi in cui dava un giudizio molto positivo sulla religiosità della popolazione trentina, ma avvertiva dei pericoli e dei danni causati da una visione «laica e moderna» della vita, propagandata dai gruppi socialisti e anche dai liberali. La popolazione trentina, rilevava il vescovo, aveva però opposto una valida difesa tramite le organizzazioni e i giornali cattolici. Altri pericoli venivano, sempre secondo il vescovo, dall'emigrazione in paesi i cui costumi morali e religiosi erano diversi e meno rigidi.

Nel 1912 venne edito a Bolzano un opuscolo anonimo intitolato *«Die Irredenta»*, scritto dal direttore del giornale bolzanino *«Tiroler Volksblatt»*, su materiale raccolto da un'apposita commissione del *«Tiroler Volksbund»*. In esso si attaccavano duramente il vescovo e in generale il clero trentino, accusati di irredentismo. Questa campagna riuscì a rendere sospettosa l'autorità politica.

Nella relazione al papa del 1913 quindi Endrici tracciava sempre un ampio quadro dello stato religioso e morale della diocesi, ma questa volta con forte riferimento ai contrasti politici, all'azione di difesa contro le società pangermaniste e alla propaganda dei socialisti. Il vescovo rilevava come le questioni nazionali agitassero gli animi, turbando spesso la concordia e denunciava anche il fatto che si era tentato di introdurre, da parte delle società pangermaniste, il protestantesimo. Anche molti dei turisti stranieri erano protestanti, e anche questo destava allarme.

Il 28 luglio 1914, con l'aggressione alla Serbia, iniziò il primo conflitto mondiale. In agosto il vescovo Endrici si rivolse al clero, esortandolo a operare per il sollievo della popolazione e ad assistere le famiglie più colpite dalla guerra.

La dichiarazione di guerra dell'Italia nel 1915 però pose il vescovo e il clero in una posizione molto delicata. Molti sacerdoti vennero internati o confinati senza processo, solo sulla base di accuse generiche. Endrici dichiarò esplicitamente che non condivideva questo modo di procedere del governo, il che aggravò la sua posizione.

Nel marzo 1916, per ordine del comandante della «Fortezza» di Trento, il vescovo Endrici venne quindi messo sotto sorveglianza militare nella sua villa di San Nicolò, vicino alla città. Quello stesso mese il Ministro per il culto e l'istruzione consigliò al nunzio apostolico a Vienna di persuadere il vescovo a recarsi a Vienna, dove avrebbe meglio potuto difendere la sua causa presso il governo, potendo *«aver colloqui colle autorità, dare opportune spiegazioni, togliere di mezzo equivoci, che altrimenti sarebbe difficile dissipare»*. Il vescovo Endrici assecondò i desideri del papa e a maggio partì quindi per la capitale.

In seguito venne invitato a trasferirsi a Heiligenkreuz, in un'abbazia nei dintorni di Vienna, dove si recò nel giugno 1916 assieme al suo segretario, don Augusto Guadagnini. Il governo gli chiese quindi di nominare un nuovo vicario generale per l'amministrazione della diocesi di Trento, visto che quello in carica era ritenuto troppo debole e insicuro per la difficile situazione dovuta alla guerra. Il vescovo protestò con energia e quindi il governo chiese alla Santa Sede di intervenire e convincere Endrici a dimettersi.

Il papa invitò quindi Endrici a considerare almeno l'opportunità di nominare un secondo vicario generale che conoscesse il tedesco e fosse gradito al governo austriaco. Endrici attese fino a maggio 1917, infine si decise e nominò un provicario. Nel gennaio 1918 per indurre Endrici a dimettersi intervenne lo stesso imperatore Carlo I, che scrisse al papa perché invitasse il vescovo a rinunciare spontaneamente al suo vescovato e a ridare così alla diocesi *«quella pace di cui ha sì urgente bisogno per poter ristabilire e ravvivare la propria vita ecclesiastica»*.

La fine della guerra con la vittoria italiana permise infine il ritorno dell'Endrici a Trento.

Economia

L'economia della monarchia asburgica crebbe in modo regolare a partire dal regno di Maria Teresa fino allo scoppio della Prima guerra mondiale. Le uniche battute d'arresto furono le guerre napoleoniche, la crisi del 1848 e il crac della Borsa di Vienna nel 1873.

La crescita fu accelerata dall'accordo del 1867 che divideva l'impero in due parti (Transleitania e Cisleitania) e ristabiliva delle barriere doganali tra di esse, tutelando la produzione agricola ungherese. La parte ungherese dell'impero si era infatti specializzata nella produzione agricola (soprattutto nelle enormi tenute dei ricchi magiari), mentre nella parte austriaca questi prodotti venivano lavorati e trasformati in manufatti. Le diverse regioni che formavano l'impero tuttavia ebbero sempre livelli di sviluppo diversificati: accanto a regioni più prospere come la Boemia, la Slesia, la Moravia e il circondario di Vienna esistevano zone estremamente povere e arretrate come la Galizia, la Slovacchia, la Transilvania e la Bucovina.

Lo sviluppo fu aiutato dal fatto che la nobiltà asburgica era molto dinamica e pronta a investire i propri capitali, e inoltre non era difficile venir nobilitati dopo aver ottenuto il successo economico.

In un territorio così vasto comunicazioni e trasporti avevano ovviamente un ruolo chiave. Nel 1849 la rete ferroviaria austriaca era di soli 1.300 km che si irraggiavano da Vienna. Circa dieci anni dopo erano saliti a 4.000 km. Nella parte ungherese, si passò dai 4.700 km del 1867 ai 22.000 del 1914. Un'altra importante via di transito era costituita dal Danubio. A Budapest inoltre nel 1896 venne inaugurato il primo tratto di metropolitana d'Europa.

In Trentino, la ferrovia del Brennero venne completata nel 1867.

Un altro indice importante è la crescita della produzione di carbone, fonte primaria di energia, che passò dalle 800.000 tonnellate del 1848 ai quasi 34 milioni di tonnellate del 1904 (integrate dall'importazione di carbone tedesco).

In Stiria e Boemia era molto avanzata l'industria siderurgica, i cui prodotti spaziavano dai coltelli alle locomotive. Particolarmente famosa era la fabbrica boema Škoda, che al tempo produceva cannoni e oggi si è trasformata in un'industria automobilistica.

L'impero aveva una posizione di rilievo anche sul mercato delle porcellane e dei cristalli (soprattutto boemi), della carta, della produzione tessile (tessuti in seta e lana, ma anche in cotone, soprattutto nel Vorarlberg).

Nel 1873 la Borsa di Vienna crollò; in quell'anno nella capitale era stata organizzata un'esposizione universale come quelle tenutesi a Londra e Parigi, e i preparativi per questa enorme manifestazione avevano alimentato l'inflazione e la febbre degli investimenti, fino allo scoppio della «bolla speculativa».

Seguì un ventennio di crisi in cui l'impero asburgico optò per una politica di protezionismo e di interventismo pubblico in campo economico, mentre l'emigrazione si faceva sempre più massiccia. Tuttavia, a questo ventennio di crisi seguì un ciclo economico positivo noto come *«Belle èpoque»*, che interessò tutta l'Europa occidentale. Anche durante questa ripresa le varie province dell'impero crebbero a ritmi diversi, differenziandosi sempre di più. Nella parte austriaca dell'impero il governo cercò di intervenire finanziando soprattutto opere infrastrutturali, ma ciò fu sufficiente solo in parte.

Allo scoppio della Prima guerra mondiale la monarchia austro-ungarica era la quarta potenza industriale europea (preceduta da Gran Bretagna, Germania e Francia), ma con solo il 6 % della produzione industriale europea. Anche se aveva recuperato in parte il distacco rispetto alle altre potenze, aveva ancora molte difficoltà. In particolare, dipendeva fortemente da capitali stranieri e l'industria di consumo era nettamente prevalente su quella pesante (il 32 % di tutti gli occupati era impiegato nel settore tessile e dell'abbigliamento). Infine, le aziende medio-piccole erano la stragrande maggioranza. La situazione era tuttavia nel complesso buona, soprattutto grazie all'ampiezza del mercato interno.

Per quanto riguarda il Trentino, il settore agricolo è sempre stato messo in difficoltà dal fatto che il territorio è posto in gran parte a quote molto alte. Anche se questo condizionava molto le coltivazioni (fino a pochi decenni fa non si riusciva a coltivare la vite oltre i 650 m s.l.m.), la popolazione è riuscita nei secoli a sfruttarne ogni angolo, tramite agricoltura, pastorizia e altre attività: nell'anno 1900, circa la metà della superficie produttiva trentina era coperta da boschi, il 19 % da pascoli montani, l'1,1 % da vigneti specializzati, il 20 % da seminativi, prati, orti, frutteti e pascoli.

A metà '800 le produzioni cerealicole principali in Trentino erano, nell'ordine: il granoturco, la segale, il frumento, il grano saraceno, l'orzo e l'avena. La patata venne introdotta tardi, diffondendosi in maniera consistente solo nel primo ventennio dell'800.

L'intervento del Consiglio provinciale dell'agricoltura e delle Società agrarie fu particolarmente evidente nel settore della frutticoltura, che nel corso del secolo venne razionalizzata e potenziata, producendo in ordine di importanza: mele, pere, ciliegie, prugne e susine, pesche, cotogni, albicocche, castagne e noci.

Per quanto riguarda l'allevamento, esso riguardava bovini, capre, equini, pecore (anche se sempre meno), suini (in crescita nel corso dell'800).

Il settore vitivinicolo, da sempre uno dei settori di punta della produzione trentina, venne duramente provato nel corso dell'800 da una serie di malattie: negli anni '40 era arrivata dall'America una muffa chiamata oidio o crittogama, che arrivò a minacciare persino l'esistenza stessa della viticoltura in Tirolo. Verso la fine dell'800 altrettanto gravi furono i danni provocati dalla diffusione della fillossera. Tuttavia, la crisi venne superata e la produzione tornò di nuovo a livelli tali da permettere l'esportazione, soprattutto verso la Svizzera e la Germania.

Fu sempre un parassita a ridimensionare notevolmente la produzione legata alla gelsibachicoltura: si trattava della pebrina, che a metà '800 giunse a dimezzare la produzione. L'allevamento dei bachi da seta era diffusissimo in regione e praticato perlopiù dalle famiglie, che in questo modo integravano i loro magri redditi; la diffusione della pebrina ebbe quindi conseguenze gravissime sull'economia locale. Per trovare una soluzione, dal 1860 al 1869, su richiesta del Comitato bachicoltori del Trentino, don Giuseppe Grazioli intraprese molti viaggi in Oriente alla ricerca di bachi immuni, che trovò infine in Giappone.[58]

L'agricoltura trentina quindi nel corso dell'800 cercò da un lato di aumentare la produzione legata all'autoconsumo (ancora nel 1910 la produzione interna copriva solo un terzo della domanda), dall'altro di potenziare i settori adatti alla commercializzazione (vino, seta, legname, zootecnia e frutticoltura).

Una rara cartolina che ritrae il campo profughi di Mitterndorf.

La seta veniva esportata come prodotto semilavorato. La filiera produttiva trentina infatti si era concentrata soprattutto sulle prime fasi della lavorazione (trattura, torcitura e tintura), che venivano eseguite in impianti di piccole dimensioni e perlopiù in filande domestiche. Nella zona di Rovereto veniva prodotto oltre il 60 % di tutto il filato di seta tirolese. Questo tipo di attività nonostante la pebrina fu in crescita nel corso dell'800: entro il 1870 nacquero infatti 65 nuove filande.

Nel 1837 un imprenditore proveniente dal Vorarlberg, Luis Jacob, fondò a Rovereto una fabbrica per la produzione della carta, dotata di moderne tecnologie e con un centinaio di operai (i quali però, come accadeva quasi sempre in Trentino, non abbandonarono completamente l'attività agricola). Questa sola fabbrica produceva da sola più di tutte le altre cartiere (una dozzina) presenti in Trentino.

Nella seconda metà dell'800, nonostante la crescita demografica e l'apertura del collegamento ferroviario del Brennero, si ebbe una crisi del settore artigianale trentino. Intervennero quindi le amministrazioni comunali, che cercarono in tutti i modi di attirare investimenti. Ad esempio Rovereto e Sacco avviarono un gioco al rialzo nell'offrire agevolazioni al Ministero delle Finanze viennese, che alla fine nel 1851 aprì a Sacco la Manifattura tabacchi, che arrivò ad occupare tra le 1.200 e le 1.800 persone, soprattutto donne.

La situazione rimase sostanzialmente costante tra il Compromesso del 1867 e la crisi del 1873. Vi fu però un rallentamento del settore serico, sia a causa della pebrina, che per l'arrivo sul mercato di merci americane e orientali a prezzi inferiori rispetto a prima. La perdita del Lombardo-Veneto fu più dannosa per produzioni artigianali come quelle del vetro e della carta, perché la seta veniva esportata sul mercato mitteleuropeo.

La crisi del 1873 portò all'estinzione della produzione di velluti, che aveva il suo centro ad Ala, e diede un altro duro colpo al settore serico, basato sulla produzione in piccole realtà che non erano in grado di aumentare la loro competitività se non abbassando ulteriormente i costi della manodopera, quindi spesso derogando dalla legislazione sociale, che regolamentava ad esempio il lavoro femminile e minorile e comprendeva importanti provvedimenti di natura previdenziale.[59]

Il mancato decollo industriale del Trentino dipese però soprattutto dalla mancanza di iniziativa degli imprenditori locali, che preferivano investire i loro ricavi in comparti più sicuri, tanto che le due Casse di risparmio di Trento e Rovereto arrivarono a concedere ai risparmiatori tassi d'interesse decrescenti al crescere dell'ammontare del deposito. Furono infatti spesso imprenditori stranieri a investire in Trentino, come il filandiere lionese Payen, che rilevò una filanda a Vigolo Vattaro e la dotò di tecnologie all'avanguardia.

Tra il 1890 e il 1910, cioè durante il periodo positivo denominato *«Belle époque»*, il settore secondario non subì mutamenti significativi, infatti la quota di addetti continuò ad oscillare intorno al 16 % della popolazione attiva (soprattutto nel settore alimentare, in cui rientrava anche la Manifattura Tabacchi, seguito da industria tessile, edilizia e industria del legno). Nonostante l'esistenza di alcune grosse imprese, le «industrie» trentine occupavano mediamente 2,75 addetti ciascuna. Anche il numero di società per azioni rimase molto basso, infatti la percentuale di S.p.a. presenti nell'intero Tirolo era pari a poco più del 2 % di quelle presenti nell'impero.

La Dieta tirolese del resto non vedeva di buon occhio la crescita industriale, preferendo mantenere i caratteri agro-pastorali del territorio. Al contrario, il governo centrale viennese cercava di stimolare la produzione tecnica delle imprese, l'introduzione di nuove tecnologie e la diffusione di modalità di lavoro razionali, intervenendo soprattutto con incentivi agli imprenditori locali, i quali non risposero tuttavia come sperato. Ne approfittarono invece imprenditori esteri: oltre al già citato lionese Payen, i filandieri lombardi Dubini e Gavazzi rilevarono delle filande a Borgo, Pergine e Serso, mentre l'imprenditore svizzero Schröder aprì una fabbrica per la tessitura di nastri di seta.

Tra il 1890 e lo scoppio della Prima guerra mondiale il settore secondario trentino ebbe una seconda occasione con la creazione di numerose centrali idroelettriche, che avrebbero potuto risolvere i problemi energetici dell'industria trentina, penalizzata dall'assenza sul territorio di miniere di carbone. Protagonisti di questa stagione non furono, però, ancora una volta, gli imprenditori, ma le amministrazioni comunali e alcune aziende cooperative. La nascita delle imprese municipalizzate in campo elettrico spinse le amministrazioni a non occuparsi più dei cittadini solo in ottica assistenziale, ma anche ad intervenire riorganizzando le infrastrutture urbane, ad esempio nel settore dei trasporti e dell'illuminazione pubblica.[60]

Il settore in cui i cambiamenti furono maggiori in questo periodo fu sicuramente il terziario, in particolare grazie al diffondersi del turismo montano. Interventi come la regolazione dei corsi d'acqua e la creazione o sistemazione di ferrovie e strade infatti permisero di raggiungere più facilmente anche le località più isolate. Tra il 1897 e il 1910 ad esempio vennero realizzati 246 km di nuove strade, mentre la rete ferroviaria trentina era tra le migliori a sud delle Alpi.

Questi fattori permisero quindi l'apertura del turismo legato alle località montane e di cura al mercato europeo, inizialmente d'élite, raggiungendo poi anche fasce economicamente meno abbienti. Il mercato turistico trentino tuttavia fu penalizzato dalla scelta (politica) di non inserirsi nell'offerta promozionale dell'intero Tirolo, pubblicizzato a livello internazionale. Il Tirolo era infatti la regione dell'impero che attirava il maggior numero di turisti (circa un milione nel 1913). Nel territorio trentino comunque le presenze turistiche passarono dalle 41.054 unità del 1893 alle 155.847 del 1911.

Il centro che attirava il maggiore afflusso di turisti era Riva del Garda, che divenne una delle più prestigiose località di soggiorno mitteleuropee (tra le prime 15 realtà austriache col maggior numero di visitatori). Qui come altrove, tuttavia, molti degli investimenti venivano da imprenditori tedeschi. Il celebre «*Sanatorium*» che ospitò gli scrittori Thomas Mann e Franz Kafka ad esempio, era stato costruito dalla famiglia von Hartungen. Anche ad Arco la maggior parte di alberghi e pensioni era gestita da imprenditori di lingua tedesca e qui vivevano anche alcuni membri della famiglia imperiale.

Molte località di richiamo avevano una lunga tradizione di ospitalità, essendo le sedi di antichi ostelli per i viandanti, come Madonna di Campiglio, San Martino di Castrozza e la Mendola, luoghi che richiamavano escursionisti da tutta Europa e si trasformarono in vere e proprie «albergopoli». L'importanza dei mezzi di trasporto tuttavia fu evidente nel caso di Pejo e Rabbi, che non riuscirono a raggiungere i livelli di altri «*Kurorte*» trentini, fra i quali spiccava Levico. Il decollo di Levico fu dovuto soprattutto all'intervento di un imprenditore berlinese, Julius Adrian Pollacsek, che nel 1895 si offrì di rilevare la gestione delle terme in cambio di un canone d'affitto di 21.000 fiorini, in cambio di quello di 142,80 versato dalla S.p.a. locale. Nonostante l'opposizione di alcuni imprenditori locali, la proposta di Pollacsek venne accettata ed egli investì oltre 1.400.000 fiorini nel lancio internazionale di Levico.

All'interno del settore terziario va segnalato anche l'incremento del settore bancario, dovuto in gran parte allo sviluppo del sistema cooperativo. Le malattie che avevano colpito viti e bachi da seta, la crisi degli anni '70 e poi le alluvioni, in particolare quella del 1882, avevano portato l'economia trentina ad un punto tale che un sacerdote, don Lorenzo Guetti, preoccupato dall'alto numero di persone costrette ad emigrare, propose come soluzione l'applicazione del principio dell'auto-aiuto. Venne scelto il modello a responsabilità illimitata del tedesco Raiffeisen e nacquero così nel 1890 le prime «Famiglie cooperative», cioè cooperative di consumo, seguite pochi anni dopo dalle «Casse rurali», ossia cooperative di credito. Nel 1895 nacque anche la Federazione Trentina delle Cooperative, necessaria per regolamentare un fenomeno dalle dimensioni sempre crescenti. Nel 1900 infatti esistevano ormai 116 Casse Rurali e 136 Famiglie cooperative, rispetto a un totale di 390 comuni trentini.

Zur Erinnerung im Gebete
an
Josef Parth
Standschütze des Standschützenbaons Silz.
Geboren zu Telfs am 6. Februar 1895, starb er unmittelbar vor Kriegsschluß an einer tückischen Krankheit (Grippe) am 24. Oktober im Spitale in Malè (Nonstal), versehen mit den hl. Sterbsakramenten. Es war ein Musterjüngling, wegen seines stets heiteren Wesens beliebt bei allen, die ihn kannten.
R. I. P.
Mit Kanone und Haubitze
Kämpft' er, Heimat, für dich,
Doch nicht im Donner der Geschütze
Rief ihn der Herr zu sich.
Kälte, Hunger, Angst und Not
Machten seinen Körper krank;
Im Spital starb er den Heldentod,
Fern seinen Lieben, im fremden Land.
Barmherzigster Jesus, gib ihm die ewige Ruhe
(7 Jahre und 7 Quadragenen Ablaß.)

„Deine Wundnarbe will ich verklären und dich heilen." Jer. 30, 17.

Memoria di un giovane soldato morto di febbre spagnola nell'ospedale di Malè pochi giorni prima della fine del conflitto.

Dopo la forte crisi si ebbe quindi un percorso di ripresa economica che culminò nella cosiddetta «*Belle èpoque*» (1890-1914 circa). Esso venne preparato da investimenti quali l'ampliamento della rete stradale carrozzabile (dai 170 km del 1850 ai 500 km del 1902), dalla realizzazione di ferrovie (ferrovia del Brennero, Riva-Arco-Mori, Trento-Malè, Valsugana), investimenti nel settore idroelettrico (Trento nel 1890 era l'unica città in tutto l'impero ad avere una rete per l'illuminazione pubblica e privata), idrico, immobiliare, la nascita di una rete di cooperative di risparmio e di consumo, le rimesse degli emigranti, lo sviluppo del settore turistico. Il risparmio era passato dai 62 milioni di corone del 1898 ai 204 milioni del 1912, che rapportati alla popolazione erano una cifra di tutto rispetto.

Emigrazione

Il fenomeno migratorio era presente nel territorio trentino da secoli: come immigrazione (ad esempio dei minatori tedeschi) e come emigrazione stagionale (ad esempio dei pastori). Oltre al fatto che il territorio è posto perlopiù a quote alte, che rendono poco produttiva, quando non impossibile, la coltivazione, pesava la frammentazione delle proprietà (ogni famiglia aveva in media 1,6 ettari), che in Sudtirolo venne evitata dalla pratica del maso chiuso, grazie alla quale l'eredità passava interamente al primogenito. Anche per questo in Sudtirolo l'emigrazione fu molto meno forte: una statistica del 1839, sebbene poco precisa, calcolava 17.000 partenti dai territori trentini e 1.100 da quelli sudtirolesi.

Il Sudtirolo diventò invece meta di emigranti nella seconda metà dell'800 soprattutto grazie al boom turistico, che richiedeva personale di servizio, anche se ad esempio per la Val di Fassa vi era sempre stato un rapporto privilegiato con la zona di Bolzano, dove già alla fine del medioevo i fassani si recavano in occasione delle fiere per lavorare come facchini, commessi e interpreti, a volte seguendo poi i loro datori di lavoro in altre fiere estere.

Già nel'600 erano diffusi i venditori ambulanti, che si spingevano anche molto lontano. Tra i primi vi furono quelli del Tesino e della Valsugana, i *«perteganti»*, i quali iniziarono vendendo la silice come pietra focaia per archibugi, e quando questa non ebbe più mercato iniziarono a vendere i libri e le stampe della stamperia Remondini di Bassano. In seguito il commercio di stampe divenne ad ampissimo raggio e molto importante, tanto che si calcola che nel solo Tesino esso occupasse a fine '700 400-500 persone su 5000 abitanti. I tesini operanti in Russia, spesso trasformatisi da ambulanti in negozianti, organizzarono persino dei convegni nel 1894 e nel 1900, e a Pietroburgo arrivarono ad avere una scuola in lingua italiana.

Dalla metà del'700 iniziarono a spostarsi anche gli ambulanti della Valle dei Mòcheni, che vendevano statuine di cristallo a soggetto sacro in tutta l'Europa orientale. Al ritorno, tutti i membri di una stessa società mettevano i guadagni nella cassa comune e li spartivano equamente.

Tra '700 e '800 dalla Rendena iniziarono a partire stagionalmente i salumai, molti dei quali si dirigevano nel triestino. Soprattutto tra la metà e la fine dell'800 molti di loro fecero fortuna. Sempre tra '700 e '800 iniziarono a muoversi, specie dalle Giudicarie e dal Tesino, anche i primi arrotini *(moléta)*, mentre da inizio '800 si diffuse nelle zone di Sagron e Mis l'attività di seggiolaio *(careghéta)* ambulante.

Le specializzazioni ambulanti nate per prime furono quelle che resistettero più a lungo e che procurarono le maggiori fortune economiche: questo il caso dei «*perteganti*» tesini e dei ramai solandri. Altri ambulanti erano gli spazzacamini nonesi (e meno del Bleggio). La presenza di aiutanti giovani e giovanissimi è legata nell'immaginario comune soprattutto agli spazzacamini, ma in realtà era frequente in tutte le categorie. A volte i giovanissimi seguivano il padre o dei parenti per imparare il mestiere, altre venivano assunti con forme di caporalato. L'emigrazione dei ragazzi era complicata dall'obbligo scolastico, per il quale dovevano essere chiesti degli esoneri.

A inizio '800 apparvero anche i «*kròmeri*», cioè i merciai ambulanti, il cui raggio d'azione era inferiore rispetto a quello dei «*perteganti*». L'attività di «*kròmer*» si diffuse sempre di più, anche se tra il 1905 e il 1910 un «*kròmer*» mocheno guadagnava in un'intera stagione dai 250 ai 300 soldi, quando un lavoratore di fieno guadagnava 30 soldi al giorno. In questi casi, come per l'emigrazione infantile, il guadagno derivava in realtà dall'allontanamento dalla famiglia di una bocca da sfamare. Del resto nella seconda metà dell'800 la lobby dei commercianti a negozio fisso si era fatta sempre più forte, raggruppando (in tutto l'impero) circa 300.000 negozianti contro 20.000 ambulanti.

Altri lavoranti girovaghi erano i suonatori di organetto, spesso uomini inabili al lavoro che ottenevano una licenza per poter girare suonando e chiedendo offerte.

Esisteva però anche un'emigrazione intellettuale, anche questa di lunga tradizione, risalendo fino a Martino Martini ed Eusebio Chini. C'erano tecnici, come Luigi Negrelli, pittori, architetti, poeti, medici, giuristi. A fine secolo, molti intellettuali emigrarono anche per motivi politici.

Attività industriale a Vigolo Vattaro a inizio '900. Durante la guerra questi capannoni ospitarono officine militari (fabbri ecc.) di supporto al fronte, cui erano collegati con una teleferica.

In genere, l'emigrante che faceva fortuna richiamava come aiutanti compaesani o abitanti della stessa valle. Spesso si creavano anche delle società per fornirsi aiuto reciproco e mantenere i contatti. A fine '800 ad esempio esisteva una società che riuniva una quindicina di solandri negozianti in Toscana.

Altra caratteristica degli emigranti specializzati, specie di quelli che si muovevano in territori di lingua italiana, era l'uso di gerghi di mestiere. In Trentino erano diffusi soprattutto «*taròn*» e «*gaìn*» nella zona occidentale (Valli di Sole, Rendena, Bleggio e Banale), ma avevano un proprio codice anche i «*perteganti*» del Tesino e i «*careghèta*» di Mis Sagron (lo «*scabelamént dei conzà*»).

Fino a metà '800 dal Trentino occidentale, dove l'emigrazione fu in generale più massiccia, si partiva con più frequenza verso le pianure italiane, giungendo anche fino a Roma o Napoli. Dal Trentino orientale si partiva invece piuttosto per l'Europa continentale.

L'emigrazione temporanea, stagionale o comunque di breve e medio periodo era quindi una realtà già consolidata nell'intero arco alpino; nell'800 tuttavia essa raggiunse forme e dimensioni mai viste prima. Quantificare l'esodo è però reso difficile dal fatto che molti lavoratori espatriavano senza documenti.

L'impero austroungarico non vedeva di buon occhio l'emigrazione. Nel 1832 venne quindi emanata una patente imperiale in cui si distingueva tra emigrante definitivo e assente temporaneo. L'emigrante definitivo perdeva nazionalità e diritti, l'assente temporaneo no, quindi molti emigranti non si dichiaravano per non perdere la possibilità di rientrare in caso di fallimento. L'emigrante perdeva anche il «diritto di incolato», che garantiva l'assistenza nei momenti di difficoltà economica.[61]

La legislazione imperiale su questo argomento è praticamente nulla; questo si spiega in parte col fatto che in un impero di 400.000 km con 50 milioni di abitanti, l'emigrazione divenne significativa solo a fine '800 e interessò inizialmente solo territori circoscritti. L'emigrazione riguardava però molti uomini in età di leva, quindi diventava un problema nel momento in cui l'eventualità di un conflitto si faceva più probabile. Nel 1867 quindi si stabilì che gli uomini potevano emigrare solo se avevano assolto gli obblighi di leva, perciò gli uomini tra i 19 e i 32 anni dovevano avere un lasciapassare rilasciato dal Ministero della guerra. Tra il 1904 e il 1907 una percentuale compresa tra l'11 e il 18 % dei giovani trentini non rispose alla chiamata di leva e per questo vi furono 200 condanne per refrattarietà alla leva (1.250 circa in tutto l'impero).

Solo tra il 1904 e il 1914 vennero messi in cantiere diversi progetti di legge sull'emigrazione, ormai diffusasi in tutto l'impero. Nel 1904 ad esempio vennero creati degli «uffici di collocamento» per garantire i lavoratori in partenza con dei contratti di lavoro e dopo il 1913 l'emigrante non perse più i suoi diritti in caso di ritorno.

I trentini quindi per poter emigrare dovevano richiedere il passaporto; il governo imperiale per scoraggiarli cercò di complicare le pratiche per ottenerlo: ad esempio bisognava compilare un questionario dove si prospettavano tutti i pericoli possibili, scrivere una lettera con le motivazioni per le quali si emigrava e dimostrare di avere i soldi per il viaggio.

Era necessario anche uno stato di famiglia rilasciato dalle autorità religiose, che già rilasciavano i permessi politici di matrimonio (non ci si poteva sposare senza, quindi ci furono anche coppie che emigrarono per sposarsi). Se i certificati venivano negati o se non si

Cartolina di propaganda bellica in cui lo spirito di Andreas Hofer incita le truppe alla difesa del Tirolo.

I lunari erano molto diffusi, fungendo da agende e non solo. Qui la copertina di quello trentino del 1903, dedicato a San Vigilio patrono di Trento.

poteva dimostrare di avere i soldi per il viaggio, si emigrava clandestinamente.

Dal punto di vista politico, i liberali furono generalmente favorevoli, pensando che l'emigrazione aveva risvolti positivi sia dal punto di vista economico che da quello culturale e politico, mentre i cattolici erano preoccupati dalle conseguenze sulla moralità degli emigranti, soprattutto quando si trattava di singoli e non di interi gruppi famigliari. Gli ambienti intellettuali di tendenze irredentiste erano fortemente contrari all'emigrazione verso i paesi tedeschi, specie dei più giovani, perché questo avrebbe messo in pericolo la loro cultura italiana. Preoccupava meno invece che i ragazzi fossero impiegati non più solo nei lavori agricoli o di pastorizia, o come garzoni, ma lavorassero in fabbriche o miniere con turni e compiti identici a quelli degli adulti. Anche quando nel 1908 il Circolo trentino di Milano si attivò a favore dei piccoli spazzacamini trentini, la questione principale fu sempre quella nazionale.

Dal punto di vista economico l'emigrazione avrebbe dovuto rappresentare una perdita, visto che partivano proprio i lavoratori più dinamici e volonterosi, ma questa era bilanciata dal riequilibrio risorse-popolazione e dalle rimesse (cioè dal denaro inviato a casa dagli emigranti). Grazie a questi risparmi si avviarono nuove attività, investendo ad esempio nel nascente settore turistico. Dopo il rientro vi fu chi cambiò lavoro, diventando commerciante, artigiano, ristoratore. Molte donne che seguivano i mariti all'estero gestivano ad esempio piccole pensioni per gli altri emigrati e rientrate trovavano un Trentino diventato ormai meta turistica.

Dalla perdita del Lombardo-Veneto alla nascita della cooperazione, cioè dal 1866 al 1890, si calcola che partì ogni anno il 15 % dei residenti, un tasso fra i più alti di tutto l'impero. Gli agenti di emigrazione giravano di casa in casa e le compagnie di navigazione avevano delle agenzie nei centri principali.

L'emigrazione definitiva iniziò dagli anni '70–'80 dell'800 ed era diretta soprattutto dalle basse valli trentine verso il Sudamerica. Ben presto iniziarono le partenze dalla Valsugana verso il Brasile (dove venne fondata Nova Trento). Gli stati sudamericani infatti offrivano gratuitamente le terre ai coloni e a volte pagavano loro anche il viaggio. Si trattava di migliaia di persone che si trasferivano in luoghi quasi sconosciuti, a volte in piena foresta, con clima, animali e piante cui doversi adattare. Ci volle spesso una generazione per ricalibrare vestiario e abitudini igieniche, anche più per quelle alimentari. Nelle zone coloniali inoltre non c'erano ospedali, levatrici, istituti di credito, mentre medici, sacerdoti e altre professioni erano rarissime. I coloni trentini provenivano invece da una realtà in cui l'apparato di assistenza e beneficenza era molto presente sia a livello privato che pubblico. Si formarono quindi molte società di mutuo soccorso, alcune italiane, altre miste, altre trentine. I nomi di queste solitamente ricordavano il Tirolo, o Andreas Hofer, o Francesco Giuseppe, o i Cacciatori tirolesi.

Nelle colonie tuttavia si stava meglio che nelle «*fazendas*», cioè le grandi piantagioni di caffè i cui proprietari cercavano di sostituire con gli emigranti europei gli schiavi, divenuti illegali dal 1888.

Nel 1878 un migliaio di trentini si spostarono a Stivor, in Bosnia, su invito del governo imperiale, il quale voleva frenare l'avanzata musulmana. Pare che anche il padre del dittatore jugoslavo Tito Broz fosse trentino, di Obra in Vallarsa. La vita di questi coloni fu durissima e quindi molti poi accettarono l'invito a rientrare del governo fascista, che li inviò a colonizzare l'Agro Pontino, dove imperversava la malaria.

Ancora peggio andò alle 56 famiglie che nel 1876 avevano fondato Palestro, una colonia a 70 km da Algeri. Tre anni dopo vennero assaliti da predoni musulmani e quasi tutti sgozzati.

L'emigrazione verso gli USA invece era solitamente temporanea e serviva ai giovani trentini per raccogliere un gruzzoletto col quale costruirsi in patria un futuro migliore. Spesso lavoravano nelle miniere e si richiamavano a vicenda, col sistema definito «emigrazione a catena». Negli USA era molto diffusa l'immigrazione italiana, ma i trentini, dotati di passaporto austriaco, erano molto più benvisti, anche perché alfabetizzati (l'alfabetizzazione era uno dei requisiti in base al quale gli USA selezionavano gli immigranti). Col tempo gli immigrati italiani vennero associati alla mafia, quindi gli oriundi trentini furono attenti a distinguersi. L'attore hollywoodiano Victor Mature, figlio di un Maturi di Pinzolo, amava affermare che il padre era di Innsbruck.

Forte era anche l'emigrazione verso la Germania e un buon numero di trentini, tra i quali molte donne, si dirigeva anche verso la Svizzera. Verso gli altri paesi europei l'emigrazione generalmente era scarsa e legata a particolari situazioni.

Molti erano invece gli emigranti, soprattutto temporanei, che si spostavano nel Vorarlberg. Tra essi molte donne che andavano a lavorare nelle fabbriche tessili, spesso ospitate in case-famiglia dirette da suore. Fin dal'600, ma soprattutto nel'700 e '800, si era del resto sviluppato un flusso emigratorio stagionale femminile legato alla bachicoltura. Si trattava di donne che si spostavano temporaneamente nelle filande venete e lombarde. Quello della gelsi-bachicoltura era un settore importante nel territorio trentino, che produceva il 40–60 % dei bozzoli dell'intero impero, quindi la chiusura dei setifici trentini privò del reddito moltissime donne. Alcune si recarono in Veneto e Lombardia, altre nei cotonifici del Tirolo e del Vorarlberg.

Dal 1870 si ha notizia di rare donne *«kròmere»*, ma perlopiù le donne emigravano o a fianco della famiglia, o come cameriere, o come serve domestiche, o come filatrici. In seguito le donne trentine divennero richiestissime come balie o serve nelle grandi città italiane, tanto che il Trentino riceveva manodopera femminile dal Veneto *(ciòde).*

L'emigrazione femminile era naturalmente molto malvista dagli ambienti clericali e conservatori. Intanto perché la donna, lavorando fuori dell'ambito famigliare, acquisiva autonomia e coscienza dei propri diritti, ma anche perché ad esempio dal 1906 al 1912 vi erano state 124 trentine emigrate in Vorarlberg che avevano partorito fuori del matrimonio, alcuni casi di malattie veneree e altri di alcolismo. E c'era poi il timore, tutt'altro che infondato, che le ragazze venissero reclutate con lo scopo nascosto di avviarle alla prostituzione. I casi di «tratta delle bianche» erano infatti frequenti.

Altro importante stimolo all'emigrazione furono i grossi lavori pubblici, che richiedevano molta manovalanza specializzata.

Lavori erano stati realizzati prima localmente: vennero condotte bonifiche nel Basso Sarca, lungo il lago di Caldonazzo, lungo il Brenta, lungo l'Adige (inclusa la rettifica del suo corso), realizzate strade e ferrovie.

Nello stesso modo, anche nel resto dell'impero e non solo si costruirono ferrovie, strade, trafori, canalizzazioni, acquedotti ecc. In qualche caso furono proprio progettisti trentini a richiamare la manodopera, come l'ingegnere Luigi Negrelli che lavorò a reti ferroviarie (in Svizzera, Austria, Lombardo-Veneto) e poi alla progettazione dell'istmo di Suez.

I primi a partire furono nel 1851 gli operai impegnati nei lavori ferroviari, gli «*aisempòneri*» (dal tedesco «*Eisenbahn Arbeiter*») fiemmesi che si recarono in Transilvania. Ma operai trentini lavorarono al traforo del Frejus, a quello del San Gottardo, alla galleria dell'Arlberg (nella quale morì mediamente un operaio ogni 100 metri di scavo), a quella del Sempione, alla ferrovia Transiberiana, a quella Transandina, ai lavori portuali di Rio de Janeiro, Buenos Aires, al Canale di Panama e a quello di Suez. Alcuni vennero chiamati per lavorare sulle ferrovie persino in Cina, Giappone e Corea.

A volte era l'emigrazione stessa a creare nuovi «mestieri», come quello di Giosuè Ducati, nato a Vattaro nel 1851, che spesso truffava intere famiglie spacciandosi per un parente (quando non per un marito!) di ritorno dall'emigrazione in terre lontane. Egli si faceva prestare ingenti somme in attesa che i suoi fantomatici, ricchissimi bagagli venissero sbloccati dalle autorità competenti, oppure procedeva alla vendita delle «sue» proprietà. Il Ducati venne sottoposto a diversi processi a Udine, Belluno, Firenze (la sua statura non comune per i tempi a volte contribuiva a smascherarlo) e a internamenti in carcere e in manicomio.

Dopo l'avvio del sistema cooperativistico e con l'inizio della stagione di crescita definita «*Belle èpoque*» anche l'emigrazione andò rallentando, mentre allo scoppio della guerra molti rientrarono, rispondendo alla chiamata alle armi.

Esercito

Prima del 1848 il bilancio militare assorbiva quasi il 40 % delle entrate statali. Negli anni di intervento militare però le spese crescevano a dismisura, anche perché le truppe impegnate in guerra ricevevano paga doppia. L'impero preferiva quindi limitare i propri interventi al minimo indispensabile e in tempo di pace un terzo o anche la metà dei soldati veniva mandato a casa.

L'esercito imperiale non era regolato da un ordinamento generale, ma da una serie di disposizioni, emanate dal Ministero della guerra per ogni arma e servizio, il che complica il lavoro degli storici.

In occasione della guerra del 1866 l'armata imperiale contava un totale di 528.000 uomini, di cui 460.000 pronti a combattere. Tra questi, 94.000 erano necessari per la difesa delle fortezze; altri 25.000 erano impiegati nelle guarnigioni di Vienna e in Ungheria per sorvegliare il fronte interno. L'esercito campale quindi superava di poco le 300.000 unità, divise in 10 corpi d'armata e in 5 divisioni di cavalleria.

L'esercito imperiale però era sempre stato occupato solo in parate ed esercizi reggimentali e non partecipava a grandi manovre dal 1861. Lo sforzo di modernizzazione si era concentrato sull'artiglieria, equipaggiata con cannoni di gittata superiore a quelli prussiani, ma i generali austriaci non avevano tratto insegnamento dalla campagna del 1859 e continuavano a credere che la vittoria si basasse sugli attacchi alla baionetta. La guerra del 1866 però li convinse che l'assalto frontale alla baionetta era divenuto ormai impossibile a causa dell'accresciuta potenza di fuoco della fanteria.

L'esercito, in cui si mescolavano le diverse nazionalità, era anche un mezzo di ascesa sociale. Infatti, anche se ancora nel 1906 l'80 % degli ufficiali apparteneva all'etnia tedesca (che rappresentava circa il 24 % della popolazione totale della monarchia), c'erano generali ungheresi, slavi, cechi, polacchi e perfino prussiani. Gli aristocratici rimasero nei reggimenti di cavalleria e nello stato maggiore, ma i generali di origine borghese continuarono ad aumentare.

L'esercito era probabilmente l'unico luogo in cui l'attaccamento alla patria comune identificata nel sovrano prevaleva su quella d'origine, infatti l'esercito che combatté fedelmente fino all'ultimo giorno della Prima guerra mondiale era composto di slavi, romeni, ungheresi, italiani e membri di altre nazionalità che stavano già formando degli stati indipendenti.

Il Compromesso del 1867 stabiliva che rimanessero comuni alle due parti dell'impero la gestione degli affari esteri, la difesa e il loro finanziamento. Transleitania e Cisleitania avevano quindi un Ministro della guerra comune, incaricato di amministrare l'esercito unitario, mentre esistevano altri due ministri, uno per ogni parte dell'impero, che gestivano i due eserciti «nazionali», cioè la *«Landwehr»* austriaca e l'*«Honvéd»* ungherese. Inizialmente poco importanti, questi eserciti andarono poi sviluppandosi.

L'esercito venne quindi riorganizzato dividendolo in:
- Esercito imperial-regio *(«k.u.k. Heer»)*[62] e Marina militare *(«k.u.k. Kriegsmarine»)*
- Esercito nazionale austriaco *(«k.k. Landwehr»)*
- Esercito nazionale ungherese *(«m.k. Honvèd»)*
- Milizia territoriale austriaca *(«k.k. Landsturm»)*
- Milizia territoriale ungherese *(«m.k. Népfelkelök»)*

Esercito e Marina comuni includevano soldati di tutte le nazionalità e dipendevano dal Ministero della guerra di Vienna; esercito e milizia austriaca dipendevano dal Ministero della difesa austriaco ed erano costituiti da soldati della Cisleitania; esercito e milizia ungheresi dipendevano dal Ministero della difesa di Budapest ed erano costituiti da soldati della Transleitania.

I tre eserciti costituivano le forze di prima linea, mentre le milizie raggruppavano i soldati destinati alla seconda e terza linea. Tutti includevano soldati in forza e soldati in congedo, che costituivano la riserva in caso di conflitto.

La chiamata alle armi avveniva il primo ottobre di ogni anno e interessava i giovani dai 21 ai 23 anni.[63] Tutti quelli che non erano considerati in condizioni fisiche adatte dovevano comunque pagare una tassa militare per dodici anni; tra coloro che venivano considerati abili solo una parte, a seconda delle necessità, veniva arruolata e inviata ai vari reparti (3/5 all'esercito comune, 1/5 alla marina, 1/5 agli eserciti nazionali).

Una parte veniva inviata alla riserva di complemento (*«Ersatzreserve»*), che comprendeva anche seminaristi, insegnanti, orfani e altre categorie che non erano tenute a prestare servizio attivo. Venivano addestrati (secondo una norma del 1882) per un periodo di otto settimane ogni anno per dieci anni.

I coscritti in esubero venivano assegnati alla milizia, che comprendeva anche i veterani in servizio attivo. Ne facevano parte uomini dai 19 ai 42 anni e non prevedeva addestramento.

La mobilitazione poteva essere generale o parziale, cioè interessare tutti gli eserciti o solo alcuni, o alcuni territori. Veniva effettuata con modalità diverse; quella generale veniva convocata con manifesti affissi nelle città e i richiamati dovevano partire entro 24 ore e presentarsi al più vicino centro di equipaggiamento.

Il comando supremo dell'esercito spettava all'imperatore, cui erano riservate nomine e promozioni. I due eserciti nazionali erano comandati da un arciduca della casa d'Asburgo. Gli ufficiali si formavano in tre accademie militari: l'Accademia teresiana (per fanteria, cacciatori e cavalleria); l'Accademia tecnica (per artiglieria e genio), l'Accademia ludovica (per l'esercito nazionale ungherese).

Le spese di gestione delle forze armate vennero divise nel bilancio generale e assegnate inizialmente per il 70 % alla Cisleitania e per il 30 % alla Transleitania. Era comunque un guadagno per la parte occidentale dell'impero, che prima sosteneva l'intero importo. Tutte le leggi riguardanti l'organizzazione e il finanziamento dell'esercito dovevano essere rinegoziate ogni dieci anni, quindi nel 1907 la percentuale fu modificata e portata al 63,6 % e al 36,4 %.[64]

Il Parlamento centrale manteneva il controllo sull'entità numerica della leva militare, sul bilancio e le questioni relative a reclutamento, acquartieramento, rifornimento. Venne anche abolita la pratica dell'acquisto dell'esonero. L'età di leva venne fissata a vent'anni e la durata dell'esercizio effettivo a tre anni più nove nella riserva per chi aveva prestato servizio nell'esercito comune e a due anni più dieci in riserva per chi faceva parte degli eserciti nazionali.

Il problema della lingua venne lasciato irrisolto. La lingua di comando rimase il tedesco, mentre per le istruzioni interne ogni reggimento usava la lingua della nazionalità maggioritaria.

L'esercito imperial-regio *(«k.u.k. Heer»)*[65]

Si basava su sedici circoscrizioni territoriali che coprivano tutto l'impero, corrispondenti ad altrettanti corpi d'armata. Il Tirolo rientrava nel XIV distretto, con sede a Innsbruck. A capo di ciascuno c'era un generale (*«Feldzeugmeister», «General der Infanterie»* o *«General der Kavallerie»*).

I circoli di reclutamento nel 1913 erano 112: 102 per i reggimenti di fanteria, tre (Bressanone, Trento, Innsbruck) per i cacciatori imperiali tirolesi *(«Tiroler Kaiserjäger»)*, tre (Trieste, Zara e Fiume) per la marina, quattro per le truppe bosno-erzegovesi.

Il rancio comprendeva la colazione (caffè o tè), il pranzo (carne e legumi), la cena (due giorni alla settimana legumi in conserva, gli altri giorni caffè o minestra) accompagnati da 840 grammi al giorno di pane e da tabacco. In caso di guerra, il paese invaso era tenuto a fornire vettovagliamenti, ma in nessun caso il ricorso alle risorse locali doveva essere spinto al punto da togliere alla popolazione i mezzi di sussistenza.

Comprendeva:

- La fanteria (33 divisioni, corrispondenti a 62 brigate di fanteria e 14 brigate da montagna). La creazione delle brigate da montagna era stata opera di von Hötzendorf, divenuto capo di stato maggiore nel 1906. Nel 1909 in tutti i reggimenti vennero introdotte delle sezioni dotate di mitragliatrici. I quattro reggimenti di cacciatori imperiali tirolesi («*Tiroler Kaiserjäger*») comprendevano uno stato maggiore di reggimento, tre battaglioni composti da quattro compagnie ciascuno, due sezioni di mitragliatrici, un reparto operai e un quadro di battaglione di complemento.

- La cavalleria (8 divisioni corrispondenti a 19 brigate composte da 2 reggimenti ciascuna). La leva per questa specialità era territoriale: i dragoni provenivano dai paesi austriaci, gli ussari da quelli ungheresi e gli ulani dalla Galizia, dalla Bosnia Erzegovina e dalla Croazia. Era un'arma con spese di gestione molto alte per via del mantenimento del cavallo. Per questo venne istituito un sistema che prevedeva la cessione dei cavalli ai privati che vivevano vicino alla sede del reparto. I cavalli ricevevano un addestramento che poteva variare da sei mesi a un anno e dovevano essere riconsegnati in caso di esercitazioni o di conflitto. Dopo sei anni diventavano proprietà del privato che li «ospitava».

- L'artiglieria, suddivisa in artiglieria da campagna, da montagna e da fortezza. Un corpo di bombardieri dotato di cannoni da assedio venne costituito già nel 1786. Nel 1808 i cannoni vennero divisi in batterie e fino al 1866 venne assegnata una batteria di otto pezzi a ogni brigata di fanteria più altre di riserva per ogni corpo d'armata. In seguito, le batterie vennero sostituite da reggimenti e brigate.

- Truppe tecniche, comprendenti i pionieri, gli zappatori, i ferrovieri e telegrafisti, il «treno» (cioè gli uomini e i mezzi per il trasporto di uomini e merci), gli autisti. I pionieri erano destinati alla costruzione o distruzione di opere militari e di ponti, fortificazioni campali, strade, trincee, ferrovie, gallerie ecc. I compiti degli zappatori erano simili, mentre i ferrovieri e telegrafisti si occupavano delle vie di comunicazione. Gli autisti includevano i piloti di aeroplani e dirigibili.

- I servizi, comprendenti la sanità[66], i farmacisti militari, i veterinari, gli addetti alla sussistenza e al vettovagliamento, i magazzini e il casermaggio, il servizio postale, l'intendenza, la guardia di finanza, la gendarmeria, la polizia militare, la giustizia militare[67], la contabilità, la cassa, il servizio di tappa, il servizio spirituale. Guardia di finanza e gendarmeria erano corpi organizzati militarmente che avevano il compito di sorvegliare i confini in tempo di pace e che in caso di guerra potevano essere impiegati per servizi speciali. La polizia militare includeva il corpo delle guardie militari e quello delle guardie per i tribunali civili di Vienna. Il compito del servizio di tappa era di provvedere ai bisogni del personale e dei mezzi dei reparti operativi, mantenere il collegamento tra le armate e l'interno del paese, regolare i movimenti alle spalle del fronte. Il servizio spirituale militare teneva conto della diversità di culto all'interno dell'impero: durante la guerra in ogni corpo d'armata vi erano un sacerdote cattolico, uno evangelista, un rabbino ed un imam.

L'esercito nazionale austriaco («*Landwehr*»)

Fino al 1908, al pari di quello ungherese, non aveva truppe tecniche né artiglieria. I due eserciti nazionali vennero riordinati e resi più efficienti con le riforme promosse tra il 1908 e il 1914 da von Hötzendorf.

L'uniforme degli eserciti nazionali era quella dell'esercito comune, con piccole modifiche che richiamavano l'identità nazionale.

L'esercito nazionale austriaco comprendeva otto divisioni di fanteria[68] (corrispondenti a 15 brigate più una di tiratori provinciali) e il comando militare di Zara.

La «brigata dei tiratori provinciali» *(«Landesschützen»)* venne aumentata e trasformata in truppe da montagna col riordino del 1907; nel 1917 il corpo venne ridenominato «corpo dei tiratori imperiali» *(«Kaiserschützen»)*. Comprendeva tre reggimenti con comando a Innsbruck, Bolzano e Innichen e guarnigione rispettivamente a Trento, Bolzano e Innichen.

Includeva inoltre tre brigate di cavalleria pari a sei reggimenti di ulani e due divisioni di tiratori provinciali a cavallo: una dei tiratori tirolesi a cavallo *(«Reitende Tiroler Landesschützen»)* e una dei tiratori dalmati a cavallo *(«Reitende Dalmatiner Landesschützen»)*.

L'esercito nazionale ungherese («*Honvéd*»)

Poteva usare l'ungherese come lingua di comando. Nel 1870 contava circa 10.000 soldati regolari. Fino al 1896 non fu consentita la formazione di bande militari al suo interno, perché si temeva che tali bande sarebbero state più numerose dei soldati in marcia dietro ad esse.

Comprendeva sette divisioni di fanteria composte ciascuna da due brigate.

La cavalleria era divisa in quattro brigate, comprendenti in tutto dieci reggimenti di ussari.

Le milizie territoriali

Furono costituite nel 1868 e comprendevano due bandi: uno per i cittadini dal diciannovesimo al trentasettesimo anno di età, il secondo per quelli dal trentottesimo al quarantaduesimo. Anch'esse vennero riformate nel 1908.

In tempo di pace non avevano quadri. In tempo di guerra venivano divise in due parti: della prima facevano parte le truppe mobili, formate dagli elementi più giovani, della seconda gli uomini più anziani che venivano impiegati in mansioni di servizio e non di combattimento.

Per la parte austriaca dell'impero prevedevano solo truppe di fanteria. Ne facevano parte anche le associazioni a carattere sportivo-militare, che comprendevano le compagnie di tiratori al bersaglio, i corpi di milizia civica, i corpi di tiratori e le associazioni di veterani.

Le forze armate avevano sofferto molto della crisi finanziaria e quindi avevano subito una notevole riduzione in quantità e qualità. Ai primi del'900 però la necessità di portare le forze armate ai livelli degli altri eserciti europei aveva costretto il governo ad aumentare i fondi per gli armamenti. Nello stesso periodo la crescita demografica portò l'esercito a crescere fino a un totale, in tempo di pace, di 450.000 uomini. Ogni anno venivano arruolati circa 135.000 uomini: 103.000 nell'esercito comune, 20.000 in quello austriaco, 12.000 in quello ungherese. La mobilitazione generale di tutti i corpi poteva raggiungere i 3.350.000 uomini.

Durante la Prima guerra mondiale vennero mobilitati 8.500.000 uomini, molti dei quali non addestrati. Anche 100.000 donne parteciparono con varie funzioni al conflitto.

Le perdite furono impressionanti: 1.016.000 morti, 1.691.000 prigionieri e dispersi, 437.000 prigionieri catturati nel 1918 e 478.000 morti nei campi di prigionia anche dopo la fine del conflitto.

Durante la guerra emersero i limiti e problemi dell'organizzazione, che con le perdite e l'andamento del conflitto costrinsero a una riorganizzazione. Questa avvenne in due momenti: fine 1916/inizio 1917 e alla fine del 1917.

Salito al trono il nuovo imperatore Carlo infatti vennero cambiati i quadri direttivi delle forze armate e avviata una riforma dell'esercito. Sarebbero rimasti i reparti che avevano dimostrato la loro utilità, e gli altri sarebbero stati eliminati o resi più efficienti. La manovra aveva motivi strategici, ma anche economici. Le formazioni di montagna ad esempio vennero convertite in normali brigate di fanteria. La riorganizzazione della cavalleria venne invece resa necessaria soprattutto dal fatto che ormai era stata quasi completamente appiedata. L'attuazione della riforma, che includeva anche la ridenominazione di molte divisioni e brigate, era molto complessa, ma venne bloccata e vanificata dalla fine della guerra e dalla disgregazione della monarchia.

I tre eserciti e le milizie quindi finirono per intrecciarsi e perdere le proprie caratteristiche specifiche, mentre la leva venne portata da ventiquattro anni (dai 18 ai 42 anni) a trentadue (dai 18 ai 50 anni), e l'obbligo per i servizi non armati venne portato dai 50 ai 55 anni.

Il 31 luglio 1914 la leva in massa vide richiamati anche in Trentino tutti gli uomini abili dai 21 ai 42 anni, cioè i nati dal 1873 al 1893, mentre i giovani dai 18 ai 20 anni erano già sotto le armi. I richiamati dovevano presentarsi ai centri di raccolta prestabiliti entro 24 ore dalla pubblicazione del bando; questo valeva anche per coloro che erano stati dichiarati non atti alle armi, perché potevano essere impiegati in altri servizi militari. Il numero dei richiamati non è certo, in quanto era coperto dal segreto militare, ma le fonti oscillano tra i 60.000 e gli 80.000 soldati.

Di questi, i caduti (soprattutto sul fronte orientale) furono più di 11.000, i feriti circa 14.000 e i prigionieri circa 12.000.

Allo scoppio del conflitto tutte le associazioni a carattere sportivo-militare diedero vita a corpi volontari: sorsero così la legione polacca e ucraina e vari corpi di volontari tra i quali i giovani tiratori volontari triestini *(«K.k. Jungschützenkorp Triest»)*. Tirolo e Vorarlberg furono i territori che fornirono più volontari, con ben 60 battaglioni di tiratori al bersaglio o «sizzeri» *(«Standschützen»)*.[69]

Vi furono anche trentini che si arruolarono volontari nell'esercito italiano, in un corpo chiamato «Legione Trentina». Secondo un recente studio, essa contava 902 membri. Di questi, 710 erano cittadini austriaci e 43 italiani (soggetti cioè ad obbligo di leva nel Regno), mentre per 149 di essi non è stato possibile determinare con certezza la nazionalità.

La sorte dei trentini prigionieri in Russia fu molto particolare: circa 4.000 soldati di lingua italiana (trentini e del Litorale) scelsero nell'autunno del 1916 di seguire gli arruolatori dell'esercito italiano e quindi di passare all'esercito o all'industria bellica nel Regno d'Italia.

Altri 2.500, bloccati in Russia dalla rivoluzione dell'ottobre 1917, vennero arruolati e combatterono a fianco delle truppe zariste e di inglesi, francesi, americani e giapponesi contro i bolscevichi. All'inizio del 1918 lasciarono a gruppi il campo di Kirsanoff dove erano stati concentrati e, dopo aver viaggiato attraverso la Siberia e la Manciuria, arrivarono a Tien Tsin in Cina, dove 508 di loro entrarono a far parte del Regio corpo di spedizione italiano in Estremo Oriente, detto dei «Battaglioni neri». Queste truppe rientrarono in Italia solo all'inizio del 1920.

Altri prigionieri dei russi invece allo scoppio della rivoluzione si arruolarono nelle truppe rivoluzionarie bolsceviche.

Al rientro, dopo che il 4 novembre 1918 il bollettino della vittoria di Diaz aveva segnato la fine della Prima guerra mondiale, dell'impero asburgico e anche delle sue forze armate, gran parte dei soldati austroungarici, anche trentini, vennero arrestati e mandati in campi di internamento nel Sud Italia e nelle isole, dove vennero tenuti in condizioni durissime, spesso tali da causarne la morte.

Profughi (1915-1918)

Dopo l'entrata in guerra dell'Italia contro l'impero austro-ungarico il 24 maggio 1915, una parte del territorio trentino divenne teatro di conflitto. Per questo il governo austriaco ordinò lo sgombero delle zone interessate e l'internamento dei sudditi del Regno d'Italia residenti nell'impero e dei sospetti di irredentismo.

Spesso si dice che la popolazione venne allontanata per evitare che solidarizzasse con i soldati italiani. In realtà le persone sospettate di irredentismo vennero effettivamente allontanate in tutta fretta e portate in un campo a Katzenau (vicino Linz), ma si trattava di 1.754 persone su una popolazione di circa 384.000[70]. In questo campo vennero rinchiusi tutti i prigionieri politici, tra i quali gli irredentisti veri o presunti[71] (non mancò chi approfittò del clima di sospetto per risolvere questioni personali, inviando lettere anonime alle gendarmerie), provenienti dal territorio trentino e non solo. La vita all'interno del campo fu molto dura soprattutto all'inizio, ma i detenuti si organizzarono in comitati per chiedere alcune concessioni, che ottennero, al punto che fu permesso loro, su iniziativa degli internati provenienti dal Litorale, di pubblicare un giornaletto satirico-umoristico, «La Baracca».[72]

Sul territorio trentino vivevano anche circa 6.000 «regnicoli», ossia cittadini del Regno d'Italia, che vennero arrestati e portati in campi all'interno dell'impero. In seguito, grazie all'intervento del Vaticano, vennero rimpatriati donne, vecchi e bambini. Non gli uomini naturalmente, che altrimenti sarebbero andati ad ingrossare le fila dell'esercito nemico.

Nel frattempo, gli uomini validi erano già al fronte: si trattava di circa 70.000 soldati, richiamati nel 1914.

Della popolazione trentina restante, circa 75.000 persone abitanti nella zona del fronte vennero immediatamente sfollate e portate all'interno dell'impero. Chi ne aveva la possibilità, si spostò autonomamente in altre valli trentine o nel Tirolo settentrionale. Altre 30.000 persone vennero evacuate dalle autorità italiane nel corso del conflitto, in occasione di avanzate dell'esercito italiano. Si trattava di anziani, invalidi, donne e bambini.

Cartolina di propaganda che ritrae l'imperatore Francesco Giuseppe e l'erede al trono Carlo con la moglie Zita.

Questi sgomberi rappresentarono naturalmente un trauma dal punto di vista psicologico, ma ebbero anche una serie di implicazioni politiche, sociali ed economiche, visto che lo spostamento e le distruzioni legate agli scontri ebbero riflessi a lungo termine sull'economia delle zone interessate. Queste furono: la città di Trento e dintorni (Mattarello, Gardolo, Ravina, Romagnano, Sardagna, Villazzano) e i distretti di Levico, Pergine, Civezzano, Caldonazzo, Strigno, Borgo, Rovereto, Mori, Tione, Ala e Riva, ma non solo. Erano comprese le valli di Ledro e Concei, il Sommolago e il Basso Sarca, quasi tutta la Vallagarina, la valle del Chiese, la val di Gresta, parte della Vallarsa (l'altra parte venne evacuata dagli italiani) e della bassa e alta Valsugana, l'Altopiano di Folgaria e Vermiglio.

Nonostante lo sgombero fosse stato previsto e in alcune zone fosse iniziato qualche giorno prima della dichiarazione di guerra dell'Italia, la veloce marcia verso il fronte dell'esercito italiano causò un'urgenza tale che, unita alle proporzioni eccezionali dell'esodo, mandò in tilt il meccanismo predisposto.

In alcune zone i profughi dovettero essere convinti a partire con le armi,[73] e viaggiarono su vagoni che precedentemente avevano trasportato al fronte truppe, animali e munizioni, privi di servizi e spesso anche di sedili. Anche la distribuzione di generi alimentari, generalmente garantita, in qualche caso non venne effettuata per malintesi sugli orari di arrivo dei convogli.

I profughi, ai quali in qualche caso vennero concesse poche ore per prepararsi, dovevano portare con sé un fagotto generalmente di non più di 5-10 kg e per il viaggio viveri per parecchi giorni, una posata, una coperta e i documenti d'identità. Il bestiame e i carri dovevano essere portati nei centri maggiori, dove venivano requisiti in cambio di un indennizzo. Nella città di Trento vennero autorizzate a rimanere le persone che entro tre giorni si fossero approvvigionate dei generi di prima necessità per quattro mesi. In effetti, pare fosse questa la durata stimata del conflitto e i profughi partirono in piena estate senza portare con sé abiti invernali (anche per questo, nonostante l'invio di vestiario a cura della Sezione indumenti per i profughi, moltissimi morirono nel primo inverno a causa di malattie polmonari).

A volte l'ordine di partenza venne ritirato, come nel caso di Vigolo Vattaro, oppure rimandato, come nel caso di Borgo (dove alcuni abitanti, partiti alla volta di Pergine, cercarono di tornare indietro avuta notizia del rinvio, ma vennero scambiati per spie e internati a Katzenau), a volte fu così immediato da non lasciare nemmeno il tempo di avvertire i parenti: a Caoria, frazione di Canal San Bovo, circa 200 abitanti che si trovavano nei masi per l'abituale lavoro estivo vennero prelevati e fatti partire immediatamente per il campo profughi di Mitterndorf. In paese erano rimaste altre 400 persone, che vennero poi evacuate dalle truppe italiane e non riuscirono a mettersi in contatto coi loro congiunti fino alla fine della guerra.

Lo smistamento avveniva soprattutto alla stazione di Gnigl, alla periferia di Salisburgo, che solo col tempo venne attrezzata ad ospitare migliaia di persone. I primi arrivati patirono duramente, e le loro pene vennero spesso accresciute dallo smarrimento nella confusione di qualche famigliare, oppure dal reclutamento dei ragazzi sopra i 14 anni e degli uomini ancora validi come lavoratori militarizzati. In altri casi, per errori durante lo smistamento i vagoni venivano attaccati ai treni sbagliati, dividendo comunità e famiglie, o i profughi dai loro già miseri bagagli.

Anche per ovviare a questi problemi era sorto il Comitato di soccorso per i profughi meridionali, che si affiancava al Segretariato richiamati e profughi trentini, il cui lavoro consisteva soprattutto nell'occuparsi delle pratiche per far ottenere i sussidi alle famiglie, della ricerca dei prigionieri o dei feriti e della spedizione loro di pacchi. Il Comitato pubblicava anche un «Bollettino settimanale», ricco di informazioni, notizie e consigli. Altri Comitati assistenziali nacquero nelle zone di arrivo dei profughi. Una grande attività di assistenza e di supporto venne fornita dai parroci, sfollati insieme ai loro fedeli, i quali cercarono di proseguire la cura d'anime, e nel contempo di occuparsi dei bisogni materiali dei loro parrocchiani. Alle famiglie dei profughi del resto mancavano tutti i riferimenti tradizionali, visto che gli uomini erano sotto le armi e molte autorità erano state internate o erano fuggite nel Regno d'Italia. Lo stesso vescovo, mons. Celestino Endrici, era stato obbligato dal 1916 a risiedere nel convento di Heiligenkreuz vicino Vienna, quindi il coordinamento dell'attività assistenziale ai profughi era in mano a don Germano Dalpiaz.

Parte degli sfollati trentini era concentrata in campi profughi, mentre altri erano sparsi nelle campagne, soprattutto in Boemia e Moravia. Non è facile quantificare i due gruppi perché gli spostamenti erano frequenti (per ricongiungimenti famigliari, ma anche per motivi di studio, lavoro[74] e salute). Molte statistiche inoltre includono gli sfollati del Litorale. Includendo anche questi, il numero di profughi che ricevevano un sussidio statale era di circa 86.500 persone nell'aprile 1917, 105.000 nell'ottobre 1917 e 114.500 a marzo 1918. Nel giugno 1918 c'erano ancora 107.000 profughi, dei quali 21.500 ospitati in campi profughi e 82.500 distribuiti nelle campagne.

Questi ultimi vissero in condizioni generalmente migliori, perché per integrare il sussidio statale era più facile trovare lavoro nelle campagne, dove mancava la manodopera impegnata al fronte. Anche i rapporti con la popolazione, a volte dopo un'iniziale diffidenza e difficoltà linguistiche, visto che il tedesco non era stato insegnato a tutti come lingua comune, furono buoni e spesso ottimi.[75]

Nei campi profughi la situazione fu più complessa. I primi campi infatti erano stati costruiti per ospitare i prigionieri di guerra e poi i profughi galiziani, ma il prolungarsi del conflitto ben oltre il previsto aveva complicato le cose. Nel corso della guerra circa 41.000 trentini vennero collocati nelle cosiddette «città di legno»: Wagna in Stiria (14.000), Mitterndorf in Austria Inferiore (11.600), Braunau am Inn nell'Austria Superiore (8–12.000), Pottendorf (5.000), Steinklamm, Oberollabrunn, Miselbach. Secondo i progetti del governo, tutti i profughi che ricevevano un sussidio avrebbero dovuto essere concentrati nei campi, in modo che questo potesse essere sostituito da vitto e alloggio. Questo poi non avvenne, perché il sussidio venne garantito a tutti quelli che non avevano un reddito sufficiente, e venne poi integrato dal sussidio militare, dovuto a chi aveva un figlio o il capofamiglia sotto le armi.

La rapidità dell'evacuazione impedì di completare i campi coi necessari servizi, che quindi dovettero essere realizzati quando i profughi si erano già insediati. Particolarmente odiose erano la forzata coabitazione e la mancanza di autonomia: la cucina infatti era unica e gli orari per ogni cosa erano fissi. Anche l'inattività pesava ai trentini, molti dei quali avviarono delle attività commerciali e artigianali all'interno dei campi. La coabitazione, la struttura delle baracche, abitate da moltissimi bambini e anziani, spesso la diffidenza verso il personale medico di lingua tedesca e in generale le condizioni di vita all'interno dei campi, favorirono un'alta mortalità. A Mitterndorf infatti nel corso del conflitto morirono 1.840 trentini, in gran parte di malattie polmonari e gastrointestinali, ma anche per malattie contagiose come il morbillo.

In ogni caso si fece il possibile per cercare di garantire ai profughi i servizi fondamentali: scuole, ospedali ecc. Alla fine del 1917 vennero erette per i profughi 140 scuole italiane per 16.000 scolari, delle quali

64 in Moravia, 48 in Boemia, 12 nella Stiria, 6 nel Salisburghese e le altre nell'Austria Inferiore e Superiore. Dove non fu possibile creare scuole italiane, i bambini frequentarono quelle locali. Nonostante la situazione di guerra, l'istruzione venne garantita, a differenza di quanto avvenne per moltissimi dei trentini evacuati nel Regno d'Italia. Come afferma monsignor Lorenzo Dalponte infatti *«il regno italiano non aveva scuole sufficienti nemmeno per i suoi sudditi»*. A Mitterndorf ad esempio esistevano tre scuole per circa 2.000 studenti; venne istituita una banda, creata l'organizzazione paramilitare degli Scout, una «casa sociale» dotata di teatro, cinema e biblioteca, un orfanatrofio, un asilo, un corpo dei pompieri, un ufficio telegrafico e la posta, un ospedale, un ospedale pediatrico, delle baracche di isolamento per evitare i contagi, una farmacia e una terrazza per i bagni di sole, degli orti, un parco. I parroci celebravano regolarmente le funzioni religiose, organizzavano cresime, comunioni, processioni e pellegrinaggi.

Il peggiorare della situazione bellica tuttavia portò a nuovi disagi per la popolazione e in particolare per i profughi, visto che il vitto peggiorò sensibilmente. La riapertura del Parlamento nel maggio del 1917 permise almeno ai deputati trentini di denunciarne le condizioni e di chiedere degli aiuti. I deputati trentini svolsero un'attività decisiva nel difendere i diritti dei profughi e dei confinati e nel garantire loro la necessaria assistenza, e Alcide Degasperi venne nominato delegato del Comitato statale per l'assistenza ai profughi.

Il rimpatrio nell'inverno 1918 non fu meno difficile e doloroso della partenza. I profughi rientravano infatti nella cosiddetta «Zona nera», ossia un territorio terribilmente segnato dagli scontri militari. Nella confusione della partenza, molti avevano cercato di nascondere i propri beni e particolare cura era stata posta nel nascondere i corredi, che richiedevano anni di risparmi e lavoro. Queste precauzioni furono in gran parte inutili. Chi tornò trovo spesso la sua casa distrutta dalle bombe o frugata da ladri, oppure dai profughi ritornati per primi, i quali avevano cercato nelle case altrui ciò che era sparito nelle loro.[76] Le case distrutte, i campi non coltivati per anni, la presenza di molti proiettili e mine inesplose,[77] il bestiame consegnato prima della partenza ... a tutto questo si aggiunsero l'epidemia di influenza spagnola[78] e il fatto che il Trentino per tutto il periodo delle trattative di pace non fu più parte dell'impero asburgico ma non ancora del Regno d'Italia, il che complicava le opere di ricostruzione, ma soprattutto pesò la perdita del denaro investito nel prestito di guerra e la svalutazione del 40 % della corona austriaca, che quindi veniva convertita in lire italiane con una notevole perdita.

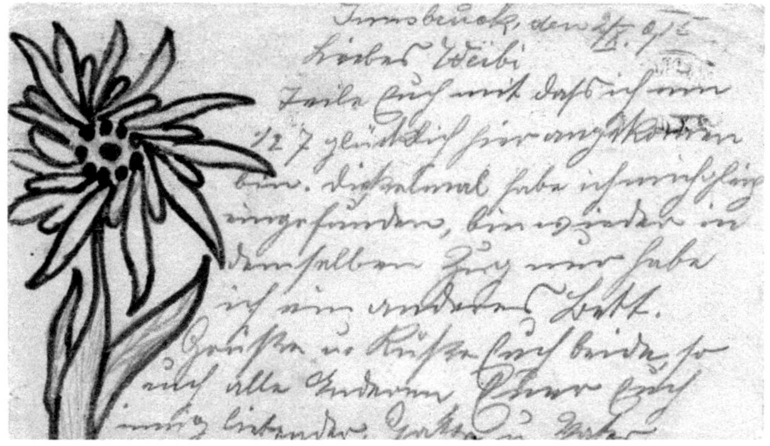

Durante la guerra vennero prodotte delle cartoline economiche, senza illustrazioni, destinate alla corrispondenza dei soldati. Talvolta però il mittente aggiungeva al testo un disegno a mano libera, come questa stella alpina.

Come anticipato, vi furono anche 30.000 profughi sfollati nel Regno d'Italia. La situazione di questi fu nel complesso ben peggiore, in quanto lo stato italiano non era pronto ad affrontare questa eventualità e mancava totalmente di infrastrutture. Queste 30.000 persone erano riconducibili a quattro categorie: rimpatriati (cittadini italiani tornati in patria); profughi (cittadini austro-ungarici sfollati); fuoriusciti (cittadini austro-ungarici volontariamente residenti nel Regno d'Italia); internati (persone allontanate dalla zona del conflitto per motivi politici e obbligate a risiedere in località prestabilite).[79]

Questi profughi vennero disseminati su tutto il territorio italiano, isole incluse, suddivisi in moltissimi comuni, spezzando le comunità e a volte gli stessi nuclei famigliari. Nonostante la comunanza linguistica, le testimonianze concordano nel riferire un clima di sospetto, quando non di aperta ostilità. L'importo e la natura dei sussidi vennero lasciati inizialmente alla discrezione delle prefetture, il che causò spesso notevoli difficoltà, anche perché vi fu chi si trovò in località talmente povere e isolate da rendere problematico perfino l'acquisto dei beni di prima necessità. Molti trentini tuttavia riuscirono a trovare un lavoro e sistemarsi, anche se chi si integrò e alla fine della guerra chiese di rimanere nel nuovo luogo di residenza venne rimpatriato a forza. Questi profughi inoltre non poterono essere assistiti dai loro parroci, una trentina, che vennero tutti ritenuti politicamente sospetti e internati.

Quando Carlo d'Asburgo morì, questa fu la semplice memoria stampata per ricordarlo.

Personaggi

Antonio Rosmini

Nato a Rovereto nel 1797, studiò a Padova e venne nominato sacerdote nel 1821. Nel 1826 si trasferì a Milano dove strinse un profondo rapporto d'amicizia con Alessandro Manzoni, il quale disse di lui: *«è una delle sei o sette intelligenze che più onorano l'umanità»*. Manzoni lo assistette anche sul letto di morte. Nel 1828, dopo aver dovuto lasciare il Trentino per le sue posizioni politiche, fondò al Sacro Monte di Domodossola la congregazione religiosa dell'Istituto della Carità, detta dei «Rosminiani». Si dedicò a studi teologici e filosofici e scrisse molte opere, due delle quali vennero messe all'Indice dalla stessa Chiesa. La sua opera «Le cinque piaghe della Santa Chiesa», scritta nel 1832 e pubblicata nel 1848, infatti, per il coraggio e la lungimiranza di alcune idee di riforma della Chiesa anticipava il Concilio Vaticano II. Per questo l'opera fu messa all'Indice e ne scaturì una polemica nota col nome di «questione rosminiana». Si ritirò a Stresa sul Lago Maggiore e qui morì a 58 anni nel 1855. Nel 2007 (il processo era iniziato nel 1994) è stato dichiarato Beato.

Luigi Negrelli

Nato a Fiera di Primiero nel 1799, in una famiglia con 11 figli[80], studiò a Feltre, Padova e Innsbruck anche grazie ad aiuti economici della stessa famiglia imperiale. Venne subito assunto come ingegnere dalla direzione dei lavori pubblici di Innsbruck occupandosi di progetti sul territorio tirolese. Nel 1827 si occupò della canalizzazione del Reno, un progetto che coinvolgeva anche le autorità svizzere, che pochi anni dopo lo assunsero per occuparsi soprattutto della rete ferroviaria. Dimostrò così che era possibile sviluppare le ferrovie anche in ambiente montuoso, cosa che alcuni tecnici ritenevano impossibile. Ormai ingegnere di fama, tornò al servizio delle autorità asburgiche, mentre partecipava al comitato internazionale per la realizzazione del Canale di Suez. A questo poté dedicarsi in maniera quasi esclusiva dopo essere stato ingiustamente denunciato alle autorità come sovversivo, fatto che gli fece perdere molti incarichi. Negli anni '50 il sovrano egiziano affidò i lavori per il progetto del canale di Suez al francese Ferdinand de Lesseps, il quale utilizzò il progetto di Negrelli. Questi, coinvolto anche se in posizione subordinata, morì a soli 59 anni nel 1858, poco prima dell'inizio effettivo dei lavori. De Lesseps poté quindi attribuirsi tutti i meriti e solo in seguito l'apporto fondamentale di Negrelli venne rivalutato. Dal 1929 infatti le sue spoglie sono conservate nel cimitero monumentale di Vienna fra le tombe dei grandi, mentre a Il Cairo gli è stata intitolata una delle vie principali.

Paolo Oss Mazzurana

Nato a Trento il 3 aprile 1833 da Paolo Oss di Pergine, entrò come apprendista nel 1848 nella casa commerciale di Felice Mazzurana e nel 1860 ne sposò la nipote e figlia adottiva, venendo a sua volta adottato. Aggiunse quindi al proprio cognome quello del Mazzurana.

Presente nel consiglio comunale di Trento dal 1865, venne eletto podestà per la prima volta il 9 aprile 1872. Nell'ottobre 1873 però abbandonò l'incarico per motivi personali (nello stesso anno morì la moglie). Nel 1884 venne eletto nuovamente podestà e portò avanti un programma ben preciso: potenziamento dell'economia, progetti ferroviari, pianificazione edilizia, regolamentazione del corso dell'Adige, sviluppo dell'istruzione scolastica. Mantenne la carica di podestà fino alla morte nel 1895 (a 62 anni). Era stato anche eletto deputato alla Dieta di Innsbruck nel 1869, 1871 e 1881, ma si era sempre schierato tra gli astensionisti.

La sua difesa dell'italianità del Trentino era manifesta, ma non può essere definito irredentista. Il suo scopo infatti era la difesa degli interessi economici della minoranza tirolese di lingua italiana. Egli era l'animatore di una sorta di «partito economico»; nel 1893 aveva proposto direttamente a Francesco Giuseppe, che più volte gli aveva dimostrato la sua stima, un progetto di divisione amministrativa del Tirolo in tre parti facenti capo rispettivamente a Innsbruck, Bolzano e Trento. Una cosa per noi quotidiana, ma che al tempo era tutt'altro che scontata.

Lorenzo Guetti
Nato nel 1847 a Vigo Lomaso, primo di 13 figli, studiò nel seminario di Trento e prese i voti nel 1870. Venne assegnato come cooperatore alla parrocchia di Terragnolo, in una delle aree più povere dell'intero territorio trentino. Nel 1878 divenne curato di Quadra nel Bleggio e, preoccupato dalle dimensioni del fenomeno emigratorio, avviò una serie di iniziative per contrastarlo. Tra queste il tentativo di registrare le partenze e di tenere una statistica, oltre alla scrittura di numerosi articoli per segnalare la gravità del problema e proporre possibili soluzioni. Nel 1890 diede vita al movimento cooperativo trentino, fondando una cooperativa rurale di commercio e consumo (prima Famiglia cooperativa). Nel 1892 diede vita anche alla prima cooperativa di risparmio (prima Cassa rurale). Nel 1891 venne eletto deputato alla Dieta tirolese di Innsbruck, ma si schierò con gli astensionisti. Dichiarato quindi decaduto dal mandato, venne però rieletto nel 1892, 1893, 1895, 1896 e 1897. In seguito venne eletto al Parlamento di Vienna, ma morì a soli 51 anni nel 1898.

Giovanni Segantini
Nato ad Arco nel 1858 da una famiglia originaria di Mori, nel 1865, rimasto orfano di madre, seguì il padre a Milano. Morto anche il padre, venne affidato a una sorellastra, ma, sostanzialmente abbandonato, venne arrestato per vagabondaggio. Affidato ad un altro fratellastro, tornò in Trentino dal 1873 al 1875, periodo dopo il quale tornò a Milano e iniziò a lavorare come decoratore e artista. Grazie al talento e all'aiuto di alcuni amici, divenne ben presto famoso in tutta Europa e si trasferì in Svizzera con la moglie. Mantenne sempre contatti con Arco, dove però non tornò più, morendo a soli 41 anni nel 1899.

Amabile Visintainer
Nata a Vigolo Vattaro nel 1865, nel 1875 emigrò in Brasile con la sua famiglia e tanti altri trentini, nello stato di Santa Catarina, dove suo

padre ed altri capifamiglia fondarono il paese di Vigolo nell'attuale comune di Nova Trento. Qui Amabile, all'età di 14 anni, insieme a Virginia Nicolodi, cominciò a occuparsi dell'assistenza ai malati, della catechesi e della manutenzione della chiesetta di San Giorgio. Nacque così il primo germoglio della nuova congregazione delle Piccole Suore dell'Immacolata Concezione, approvata dal vescovo locale nel 1895; con la professione religiosa Amabile prese il nome di Suor Paolina del Cuore Agonizzante di Gesù. Nel 1903 divenne superiora generale e si trasferì a San Paolo del Brasile, dove morì nel 1942. È stata dichiarata Santa nel 2002.

Cesare Battisti

Nacque a Trento il 4 febbraio 1875, ultimo di otto figli. Il padre era un valligiano inurbato che aveva fatto una discreta fortuna, la madre Vittoria Teresa de Fogolari. Studiò nelle università di Vienna, Graz, Torino e Firenze (qui conobbe Ernesta Bittanti, nata nel 1871 e cresciuta tra Brescia, Cagliari e Cremona). Iniziati gli studi giuridici, li abbandonò per dedicarsi a quelli scientifici, in particolare alla geografia. Nel corso della sua vita pubblicherà 103 scritti di argomento geografico.

Il partito socialista trentino venne fondato nel 1894/95. Nel settembre 1897 si tenne il primo congresso e il segretario provvisorio era Cesare Battisti. Il programma del partito socialista prevedeva la trasformazione dell'impero in una confederazione democratica divisa sulla base delle nazionalità e non delle province storiche.

Sposatisi a Firenze, Battisti ed Ernesta Bittanti si trasferirono a Trento, dove impiantarono un'azienda tipografica, la Stet. Nel 1899 iniziarono a stampare la rivista scientifica «Tridentum» e il periodico socialista «L'Avvenire del Lavoratore», cui si aggiungerà il quotidiano «Il Popolo». «Il Popolo» venne stampato per 14 anni durante i quali venne messo sotto sequestro 300 volte. Questo contribuì a portare l'attività imprenditoriale di Battisti al fallimento.

La rivista «Tridentum» venne da lui fondata insieme al cognato e geologo Giovan Battista Trener, che aveva sposato Irene, sorella di Ernesta Bittanti; la sua conoscenza del territorio lo rese prezioso per le forze armate italiane tanto che fu anche interprete durante l'armistizio a Villa Giusti, collaboratore del comandante Pecori Giraldi durante il periodo dell'armistizio e collaboratore del Commissario generale civile Luigi Credaro.

Dal 1903 al 1906 Battisti uscì dal partito socialista, in cui molti non tolleravano la sua (difficile) politica di alleanza con i liberali. Nel 1907, grazie all'introduzione del suffragio universale, venne eletto il primo deputato socialista trentino nel Parlamento di Vienna, Augusto Avancini, che presenterà le sue dimissioni nel 1911, dovute a contrasti interni al partito. Nello stesso anno Battisti venne eletto a sua volta deputato.

Convintosi dell'impossibilità di applicare il programma socialista all'interno dell'impero, iniziò a collaborare con le autorità militari italiane; fra maggio e settembre 1913 compì una serie di rilevazioni sul territorio che portarono alla pubblicazione dell'anonima «Guida militare del Trentino» presso un editore veneziano.

Certo che la guerra avrebbe portato al successo delle istanze nazionalistiche, fu decisamente interventista, intraprendendo una vera campagna propagandista nelle principali città italiane, contrariamente ai principi antimilitaristi del socialismo. Nel 1914 i socialisti italiani volevano candidarlo nel collegio di Feltre, ma lui rifiutò perché, scrisse alla moglie, *«è un terreno austriacante».*

Sebbene non si fosse mai dimesso da parlamentare, si arruolò come alpino nell'esercito italiano. Catturato, venne condannato a morte per alto tradimento. Dopo l'esecuzione avvenuta il 12 luglio 1916, i corpi di Battisti e di un altro condannato, Fabio Filzi, vennero sotterrati a pochi metri dal luogo dell'impiccagione nella fossa della Cervara; nelle ore precedenti all'arrivo delle truppe italiane vennero trasferiti sotto falso nome nel cimitero di Trento.

Al cappellano militare Posch, col quale si intrattenne tra la condanna a morte e la sua esecuzione, disse: *«Sono contento, lieto sereno. Ho vissuto abbastanza e ho ottenuto abbastanza perché possa dire che la mia vita è stata spesa bene. Coi miei quarantadue anni ho raggiunto quello che molti uomini non raggiungono in una lunga vita.»*

I fascisti cercarono in tutti i modi di utilizzare la sua figura per scopi propagandistici. Lo stesso monumento alla Vittoria di Bolzano, costruito dove l'impero aveva già iniziato la costruzione di un monumento dedicato ai «*Kaiserjäger*», doveva essergli intitolato, ma la vedova si oppose strenuamente. Tuttavia, già nel solo anno successivo alla scomparsa furono più di mille le piazze e le vie italiane dedicate a Battisti. La Bittanti si oppose anche ai tentativi di rimaneggiare le opere geografiche del marito, in cui molti avrebbero voluto sostituire i toponimi trentini di suono tedesco con altri italiani. La manipolazione fascista della figura di Battisti era del resto facilitata dalla conoscenza e collaborazione tra Mussolini e Battisti, nel periodo in cui Mussolini era a Trento (1909) e scriveva per il giornale «Il Popolo».

Alcide Degasperi
Nato a Pieve Tesino nel 1881, studiò grazie a sussidi statali a Trento e poi all'università di Vienna. Era presente a Innsbruck durante i moti universitari del 1904 e per questo venne arrestato. Scrisse molti articoli nei quali difendeva l'italianità e l'autonomia culturale del Trentino dai tentativi di germanizzazione, ma senza mai mettere in discussione l'appartenenza all'impero austro-ungarico. Nel 1911 venne eletto deputato al Parlamento di Vienna e nel 1914 anche alla Dieta di Innsbruck. Allo scoppio della guerra sperava che l'Italia entrasse in guerra a fianco degli imperi austriaco e germanico; quando ciò non avvenne, al contrario di Battisti s'impegnò perché l'Italia si mantenesse almeno neutrale. Durante la guerra si occupò soprattutto della condizione dei profughi. Dopo aver dichiarato che se si fosse tenuto un referendum popolare i trentini avrebbero optato per l'Austria nella percentuale del 90 %, quando il crollo dell'impero divenne prevedibile egli sostenne il diritto all'autodeterminazione dei popoli. Dopo l'annessione aderì al Partito Popolare Italiano promosso da don Luigi Sturzo; solo nel 1921 venne eletto deputato a Roma, perché fino a quella data il Trentino era stato sottoposto a regime commissariale. Dopo l'iniziale sostegno del suo partito al governo Mussolini, passò tra gli oppositori e nel 1927 venne arrestato e condannato. Dopo la scarcerazione iniziò a lavorare nella Biblioteca della Città del Vaticano, dove rimase fino all'inizio della liberazione da parte delle truppe alleate. Co-fondatore della Democrazia Cristiana, nel 1945 fu nominato presidente del Consiglio dei Ministri. Durante tale governo fu proclamata la Repubblica e guidò un governo di

unità nazionale che durò fino alle elezioni del 1948. Queste furono tra le più accese della storia repubblicana, visto lo scontro tra la DC ed il Fronte Popolare, composto da socialisti e comunisti. Degasperi riuscì a guidare la DC ad uno storico successo, ottenendo il 48 % dei consensi (il risultato più alto che qualsiasi partito abbia mai raggiunto in Italia) e fu nominato Presidente del primo Consiglio dei ministri dell'Italia repubblicana. Con una tale maggioranza, la DC era in grado di governare da sola, ma Degasperi sollecitò invece la collaborazione di laici liberali, socialdemocratici e repubblicani. Mantenne la carica di Presidente del Consiglio fino all'agosto 1953, dimettendosi a causa del fallimento della legge elettorale. Si spense il 19 agosto 1954 nella sua casa in Val di Sella (Borgo Valsugana). Poco dopo iniziarono le richieste di avviare per lui il processo di beatificazione, che è ancora alla fase diocesana, aperta nel 1993. Alcide Degasperi ha quindi il titolo di Servo di Dio.

Riccardo Zandonai

Nato a Borgo Sacco nel 1883, fu allievo di Pietro Mascagni al liceo musicale di Pesaro. Iniziò l'attività di compositore nel 1907. La sua opera più famosa in ambiente italiano è «Francesca da Rimini», su libretto di Gabriele D'Annunzio, mentre nel nord Europa è più noto per «I cavalieri di Ekebù» (1925), tratto da «La leggenda di Gösta Berling» di Selma Lagerlöf, opera diretta al Teatro alla Scala in prima esecuzione da Arturo Toscanini. Zandonai compose poemi sinfonici («Primavera in Val di Sole», «Quadri di Segantini»), musica per film, composizioni per strumento solista, musiche per cori. Fu anche direttore d'orchestra. Morì a Trebbiantico nel 1944.

Gianni Caproni

Nato nel 1886 a Massone di Arco da famiglia benestante, laureatosi a Monaco nel 1907, si dedicò all'aeronautica. Nel 1910 si trasferì nella zona di Malpensa e fondò uno stabilimento per la produzione di aerei e una scuola di volo. Creò numerose industrie collegate all'aeronautica anche nel territorio trentino e restò in contatto con l'ambiente arcense, dove promosse molte attività benefiche. Morì a Roma nel 1957.

Appendice

Cronologia

1804: proclamazione dell'impero d'Austria
1806: fine del Sacro Romano Impero
1809: sollevazione hoferiana
1814–1815: congresso di Vienna
1835: muore Francesco I e sale al trono Ferdinando I
1848 marzo: insurrezione di Vienna, Budapest, Milano e Venezia
1848 maggio 18: apertura del Parlamento di Francoforte
1848 luglio 10: apertura del Parlamento di Vienna
1848 luglio 25: Radetzky sconfigge i piemontesi a Custoza
1848 novembre 22: Il Parlamento si sposta da Vienna a Kremsier
1848 dicembre 2: Ferdinando I abdica e sale al trono Francesco Giuseppe
1849 marzo: viene sciolto il Parlamento di Kremsier e promulgata la Costituzione
1849 agosto: Venezia si arrende a Radetzky
1851 dicembre 31: si sospende la Costituzione, ritorno dell'assolutismo
1853–1856: guerra di Crimea
1855 agosto 18: Concordato tra l'impero asburgico e la Santa Sede
1859: battaglie di Magenta e Solferino, armistizio di Villafranca, cessione della Lombardia
1860 ottobre: emanazione del Diploma di ottobre federalista
1861 febbraio: emanazione della Patente di febbraio e ritorno al centralismo
1866: battaglia di Sadowa, sconfitte italiane di Custoza e Lissa, cessione del Veneto
1867: compromesso austro-ungherese, Francesco Giuseppe incoronato a Budapest

1870: abolizione del Concordato
1871: visita di Francesco Giuseppe a Trento
1878: occupazione della Bosnia-Erzegovina
1889: morte di Rodolfo d'Asburgo
1905: manovre generali in Val di Non
1907 gennaio 26: introduzione del suffragio universale maschile (sopra i 24 anni)
1908 ottobre 5: annessione della Bosnia-Erzegovina
1914 giugno 28: assassinio dell'arciduca Francesco Ferdinando
1915 maggio 24: l'Italia dichiara guerra all'impero austro-ungarico
1916 novembre 21: morte di Francesco Giuseppe, sale al trono Carlo I
1918 novembre 12: Carlo I rinuncia ai poteri esecutivi e parte per l'esilio; proclamazione della Repubblica austriaca

Elenco degli imperatori

- Francesco II: imperatore del Sacro Romano Impero 1792–1806, imperatore d'Austria come Francesco I dal 14 agosto 1804–† 2 marzo 1835

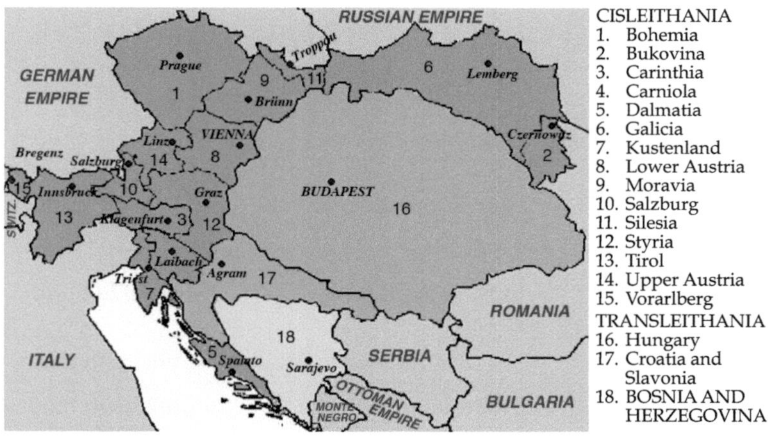

Cartina dell'impero asburgico nel 1914

- Ferdinando I: imperatore d'Austria dal 2 marzo 1835–abdica il 2 dicembre 1848 († nel 1875)
- Francesco Giuseppe I: imperatore d'Austria dal 2 dicembre 1848–† 21 novembre 1916
- Carlo I: imperatore d'Austria dal 21 novembre 1916–al 12 novembre 1918 († in esilio nel 1922)

Elenco dei vescovi di Trento
- Emanuele Maria Thun (nominato 2 aprile 1800–† 9 ottobre 1818)
- Francesco Saverio Luschin (nominato 12 novembre 1823–18 marzo 1834 nominato arcivescovo di Leopoli)
- Giovanni Nepomuceno de Tschiderer (nominato 3 maggio 1835–† 3 dicembre 1860)
- Benedetto di Riccabona (nominato 22 marzo 1861–† 13 marzo 1879)
- Giovanni Giacomo della Bona (nominato 16 gennaio 1879–† 17 novembre 1885)
- Eugenio Carlo Valussi (nominato 24 aprile 1886–† 11 ottobre 1903)
- Celestino Endrici (nominato 31 gennaio 1904–† 29 ottobre 1940)

Stime sulla ripartizione della spesa pubblica

	1834	**1847**
Spese militari	60 milioni di fiorini	63 milioni di fiorini
Amministrazione	44 milioni di fiorini	60 milioni di fiorini
Spese della corte imperiale	3,5 milioni di fiorini	
Interesse sul debito pubblico	40 milioni di fiorini	45 milioni di fiorini
Spese totali	147,5 milioni di fiorini	168 milioni di fiorini
Entrate totali	130 milioni di fiorini	161 milioni di fiorini
Disavanzo	-17,5 milioni di fiorini	-7 milioni di fiorini

Censimenti dei gruppi nazionali nell'impero austro-ungarico

Nella Cisleitania

	1880	1890	1900	1910
Tedeschi	36,80 %	36,10 %	35,80 %	35,60 %
Cechi e slovacchi	23,80 %	23,30 %	23,20 %	23,00 %
Polacchi	14,90 %	15,80 %	16,60 %	17,80 %
Ruteni	12,80 %	13,20 %	13,20 %	12,60 %
Serbo-croati	2,60 %	2,80 %	2,80 %	2,60 %
Rumeni	0,90 %	0,90 %	0,90 %	1,00 %

Gli italiani non rientrano nella proporzione perché erano solo 770 mila su 28 milioni di abitanti nel 1910.

Nella Transleitania

	1880	1890	1900	1910
Magiari	41,20 %	42,80 %	45,40 %	48,10 %
Rumeni	15,40 %	14,90 %	14,50 %	14,10 %
Tedeschi	12,50 %	12,20 %	11,00 %	19,80 %
Slovacchi	11,90 %	11,10 %	10,50 %	9,40 %
Croati	9,00 %	8,70 %	8,80 %	–
Serbi	6,10 %	5,50 %	5,30 %	–
Ruteni	2,30 %	2,20 %	2,20 %	2,30 %

Nella Bosnia-Erzegovina

	1880	1890	1900	1910
Serbi	–	–	–	42,00 %
Maomettani	–	–	–	34,00 %
Croati	–	–	–	21,00 %

Distribuzione etnolinguistica nell'impero austro-ungarico nel 1910 (Bosnia-Erzegovina inclusa)

Di lingua tedesca	23,90 %	12 milioni
Di lingua ungherese	20,20 %	10,1 milioni
Di lingua ceca	12,60 %	6,6 milioni
Di lingua polacca	10,00 %	5 milioni
Di lingua rutena	7,90 %	4 milioni
Di lingua romena	6,40 %	2,9 milioni
Croati (cattolici)	5,30 %	3,2 milioni
Bosniaci e serbo-croati musulmani	1,20 %	
Serbi (ortodossi)	3,80 %	2 milioni
Di lingua slovacca	3,80 %	2 milioni
Di lingua slovena	2,60 %	1,3 milioni
Di lingua italiana	2,00 %	0,7 milioni
Totale		50,8 milioni

Quote percentuali nel giro d'affari europeo e mondiale (1860–1908)

	In Europa			Nel mondo		
	1860	1870	1880	1885	1895	1908
Gran Bretagna	33,40 %	33,40 %	30,40 %	19,20 %	17,80 %	17,20 %
Francia	17,50 %	16,50 %	17,60 %	10,40 %	8,60 %	8,90 %
Germania	16,80 %	15,40 %	15,40 %	10,30 %	11,10 %	12,30 %
Russia	4,80 %	7,30 %	5,10 %	5,60 %	6,00 %	3,00 %
Austria-Ungheria	5,40 %	6,00 %	7,20 %	3,70 %	3,70 %	3,30 %

Distribuzione della popolazione e reddito medio pro capite (1911–1913)[81]

	Popolazione nel 1910	Reddito medio pro capite (corone)
Austria	26,00 %	790
Territori cechi (Boemia, Moravia, Slesia)	36,00 %	630
Trentino, Trieste, Istria	5,00 %	450
Slovenia, Dalmazia	3,00 %	300
Bucovina	2,00 %	300
Galizia	28,00 %	250

Bibliografia consigliata

Q. ANTONELLI, *I dimenticati della Grande Guerra. La memoria dei combattenti trentini (1914–1920)*, Trento, Il Margine, 2008.

M. BELLABARBA, *L'impero asburgico,* Bologna, Il Mulino, 2014.

S. BENVENUTI, *La Chiesa trentina e la questione nazionale. 1848–1918,* Trento, Temi, 1987.

J. BÉRENGER, *Storia dell'impero asburgico. 1700–1918,* Bologna, Il Mulino, 2003 (ed or. Parigi, 1990).

L. CAMPI PEZZI, *Sissi la regina delle Dolomiti; i soggiorni di Elisabetta d'Austria in Trentino Alto Adige,* Trento, Curcu & Genovese, 2008.

E. CERNIGOI, R. LENARDON, P. POZZATO, *Soldati dell'impero. La struttura e l'organizzazione dell'esercito della monarchia asburgica,* Bassano del Grappa, Itinera, 2002.

J. FONTANA, *Il Tirolo storico nella Prima guerra mondiale: 1914–1918,* Bolzano, Athesia, 2000.

I. GANZ, *La rappresentanza del Tirolo italiano alla Camera dei deputati di Vienna: 1861–1914,* Trento, Società di studi trentini di scienze storiche, 2001.

R. M. GROSSELLI, *L'emigrazione dal Trentino dal medioevo alla prima guerra mondiale,* S. Michele all'Adige (TN), Museo degli usi e costumi della gente trentina, 1998.

B. HAMANN, *Sissi,* Milano, Longanesi, 1983 (ed. or. Vienna 1982).

F. HERRE, *Francesco Giuseppe,* Milano, Rizzoli, 1982 (ed. or. Colonia 1978).

A. LEONARDI, *L'economia di una regione alpina,* Trento, ITAS, 1996.

J. W. MASON, *Il tramonto dell'impero asburgico,* Bologna, Il Mulino, 2000 (ed. or. Londra 1985).

Passaggi e prospettive: lineamenti di storia locale, Bolzano, Athesia, 2010–2013.

Percorsi di storia trentina, a cura di L. de Finis, Trento, Provincia autonoma di Trento, 2000.

A. SKED, *Grandezza e caduta dell'impero asburgico. 1815–1918,* Laterza, 1992 (ed. or. Londra, 1989).

Gli spostati. Profughi, Flüchtlinge, Uprchlíci 1914-1919, Rovereto, Laboratorio di Storia di Rovereto, 2015.

Storia del Trentino, a cura di L. de Finis, Trento, Temi, 1996.

Storia del Trentino, vol. V – L'età contemporanea 1803–1918, Bologna, Il Mulino, 2003.

Note

1 Probabilmente gli venne affidato già nel 1004, ma si è conservato solo il documento del 1027.

2 Sostanzialmente dei laici che avevano il compito di fungere da «braccio armato» del vescovo.

3 Un ritratto di Massimiliano I si trova anche a Trento, in Via Belenzani, dove è ritratto sulle pareti di Palazzo Geremia. Fu proprio a Trento infatti che Massimiliano I si autoproclamò imperatore del Sacro Romano Impero nel 1508, mettendo fine alla tradizione secondo la quale doveva essere il Papa ad incoronare l'imperatore. Nel 1511 strinse anche il patto per la difesa territoriale noto come *«Landlibell»*.

4 Nato nel 1782, nel 1829 sposò la figlia di un direttore delle poste, Anna Plochl. Sposando una borghese dovette accettare l'esclusione dai diritti di successione al trono. Nel 1844 il nipote Ferdinando nominò la Plochl Contessa di Merano e i suoi discendenti sono ancora proprietari del castello di Schenna vicino Merano.

5 Assemblee rappresentative tradizionali degli stati che erano entrati a far parte dell'impero asburgico. Per la Dieta tirolese si veda il capitolo *«La questione autonomista»*.

6 La città di Budapest nacque ufficialmente dalla fusione delle due città sorte sui due lati del fiume: Buda e Pest, solo nel 1873.

7 Ad esempio nel 1850, per la prima volta dopo il 1526, erano state abolite le barriere doganali tra l'Ungheria e il resto della monarchia. Era un primo passo per integrare le due zone, progetto che poi verrà abbandonato.

8 Il 18 febbraio 1853 l'ungherese Jànos Libenyi si gettò su di lui armato di coltello. Una donna tra la folla lanciò un grido e Francesco Giuseppe si girò di scatto evitando il colpo diretto. Venne comunque ferito al collo. Il suo aiutante di campo e un passante si scagliarono sull'aggressore immobilizzandolo, ma l'imperatore prima di svenire riuscì a gridare loro di non ucciderlo.

9 Il Veneto era in realtà perso a prescindere dall'esito della guerra. Francesco Giuseppe l'aveva infatti promesso in cambio della neutralità alla Francia, la quale l'avrebbe poi ceduto ai Savoia.

10 L'arciduca Alberto d'Austria morì nella sua villa di Arco il 18 febbraio 1895. In vita aveva dimostrato notevoli qualità strategiche, oltre che una notevole generosità e filantropia. Perse tragicamente una figlia: Matilde, appena diciottenne, stava fumando di nascosto mentre si preparava per un ballo. All'improvviso era entrato l'arciduca e lei aveva nascosto la sigaretta sotto una piega dell'abito, che aveva preso immediatamente fuoco. La ragazza era morta dopo un mese di agonia.

11 Mentre l'imperatore era impegnato al fronte lei gli chiese più volte di poterlo raggiungere; non potendo, si dedicò ai feriti ricoverati nel palazzo di Laxemburg, trasformato in ospedale militare.

12 Del resto tutto l'impero, con l'eccezione della Galizia, annessa nel 1772, e della Bosnia-Erzegovina, occupata nel 1878, non venne creato tramite conquiste militari, ma per legami diretti con la dinastia asburgica.

13 Dal 1873 i deputati al «*Reichsrat*» verranno eletti in apposite elezioni. Questa sarà una riforma importante per il territorio trentino, i cui rappresentanti si rifiutavano di partecipare alla Dieta tirolese e quindi non potevano avere accesso neanche al Parlamento nazionale. Si veda il capitolo «*La questione autonomista*».

14 Prima della riforma le elezioni del Parlamento erano così organizzate: la I Curia formata da 5.000 grandi proprietari eleggeva 85 deputati; la II Curia formata da 550 rappresentanti delle Camere di commercio eleggeva 21 deputati; la III Curia formata da 500.000 rappresentanti delle città eleggeva 118 deputati; la IV Curia formata da 1.500.000 rappresentanti dei Comuni rurali eleggeva 128 deputati. Con la riforma venne introdotta una V Curia formata da 5.000.000 di elettori che eleggevano 72 deputati.

15 Il diritto di voto alle donne venne concesso in Austria nel 1918, in Italia nel 1946. Una curiosità: in Italia per il Senato il diritto di voto è ancora sottoposto a restrizioni, perché può votare solo chi abbia compiuto 25 anni.

16 Il fratello di Francesco Giuseppe, Massimiliano, aveva accettato la proposta francese di diventare imperatore del Messico, ma venne fatto prigioniero dai patrioti messicani e fucilato. Vedi il capitolo «*La famiglia imperiale*».

17 Adolf Hitler fu un ammiratore di Schönerer, che glorificò nel suo «*Mein Kampf*», pur criticandone le scarse capacità organizzative.

18 Nel 1907 nacque invece la Triplice intesa (tra impero britannico, Repubblica francese e impero russo) e così l'Europa si divise praticamente in due blocchi. Lo sforzo principale della diplomazia austriaca fu a quel punto evitare che l'Italia si unisse alle potenze dell'Intesa. L'impero era disponibile a cedere il Trentino e parte della costa albanese, ma allo scoppio della guerra nel 1914 l'Italia preferì rimanere neutrale e poi firmare un patto segreto a Londra nel 1915, in base al quale avrebbe ottenuto il Trentino, Trieste e la parte meridionale della Dalmazia con le isole principali. Nel maggio 1915 dichiarò quindi guerra all'Austria-Ungheria, diventando in questa fase della guerra l'unica potenza interessata alla disgregazione dell'impero.

19 Il governo Taaffe durò ben 14 anni (1879-1893), un periodo molto lungo se si considera che dal 1867 al 1914 si contarono 20 primi ministri in Cisleitania e 17 in Transleitania, contro 5 cancellieri in Germania.

20 Si veda la tabella nell'«*Appendice*».

21 Il ceco ad esempio era stato la lingua ufficiale del regno di Boemia fino al 1627. Gli ungheresi mantennero il latino come lingua ufficiale fino al 1842, quando venne sostituito dall'ungherese, che però in realtà veniva utilizzato fin dal'500.

22 Si ricordi che il nome tedesco Ludwig viene tradotto in italiano sia come Ludovico che come Luigi.

23 Il «gran titolo» di Francesco Giuseppe era: «*Francesco Giuseppe I, per Grazia di Dio Imperatore d'Austria, Re di Ungheria e Boemia, Re della Lombardia e di Venezia, della Dalmazia, della Croazia, della Slavonia, della Galizia, della Lodomiria e dell'Illiria; Re di Gerusalemme eccetera; Arciduca d'Austria; Granduca di Toscana e Cracovia; Duca di Lorena, di Salisburgo, Steyer, Carinzia, Carniola e Bucovina; Granduca di Transilvania; Margravio di Moravia; Duca della Slesia superiore e inferiore, di Modena, Parma, Piacenza e Guastalla, di Auschwitz e Zator, di Teschen, del Friuli, di Ragusa e di Zara; Conte Sovrano d'Absburgo e del Tirolo, di Kyburg, Gorizia e Gradisca; Duca di Trento e Bressanone; Margravio della Lusazia superiore e inferiore e in Istria; Conte di Hohenems, Feldkirch, Bregenz, Sonneberg eccetera; Signore di Trieste, di Cattaro e della Marca slovena; Gran Vojvoda della Vojvodina, Serbia eccetera*»

24 Il suo nome, mai usato nella casata degli Asburgo, fu scelto da Elisabetta; era infatti il nome della principessa bavarese andata in sposa al re Stefano d'Ungheria nel X secolo.

25 Rinunciò al suo titolo per sposare l'attrice Henriette Mendel. Rimasto vedovo, si sposò a sessantuno anni con una ballerina ventunenne il cui ruolo principale era stato quello di una coniglietta. Francesco Giuseppe, incuriosito, se ne fece mandare una fotografia e lodò i gusti del cognato, il quale però riuscì a esasperare la nuova moglie con la sua gelosia. Il matrimonio venne quindi sciolto nel 1913 e nel 1920 Luigi morì.

26 Studiò medicina e si specializzò in oculistica, curando spesso a titolo gratuito. In ferie a Merano con la sorella, curò in tre mesi più di mille pazienti, tanto da far partire un'inchiesta da parte degli uffici di Innsbruck, convinti che ci fosse un errore nelle statistiche. Morì nel 1908, dopo aver fondato la clinica di Monaco che ancora porta il suo nome.

27 Sposò Francesco, re di Napoli e delle Due Sicilie. Il matrimonio venne consumato anni dopo, visto che il principe era affetto da fimosi e non voleva farsi operare. Nel frattempo Garibaldi aveva fatto crollare il regno borbonico e Maria Sofia aveva avuto modo di guadagnarsi il titolo di «eroina di Gaeta» durante la resistenza. In esilio a Roma, si innamorò di un comandante della guardia papale e da lui ebbe una figlia, il che convinse il marito ad operarsi. Quando il Regno d'Italia conquistò anche Roma, la coppia si spostò ad Arco, dove il re morì nel 1894 e fu inizialmente sepolto. Nel 1917 l'imperatrice Zita fece portare il suo corpo a Trento, ma nel 1938 il governo fascista lo spostò a Roma e oggi è a Napoli.

28 Appassionata delle opere di Wagner, questo la avvicinò al cugino, il re Luigi II re di Baviera, il committente dei famosi castelli, che aveva preferito ad altri pretendenti, come Ludovico Vittorio, fratello minore di Francesco Giuseppe. Per ironia della sorte, entrambi i pretendenti erano in realtà omosessuali. Rotto il fidanzamento, Sofia Carlotta sposò infine il bel duca d'Alençon, nipote dell'ex re di Francia. La coppia era molto unita, ma Sofia Carlotta soffriva di frequenti crisi d'ansia e stati depressivi. A quarant'anni si innamorò del dottor Glaser di Graz, anch'egli sposato. I due fuggirono insieme, ma a Merano vennero scoperti e costretti a separarsi. Sofia Carlotta si dedicò alla religione, entrando nel 1880 nelle terziarie domenicane. Nel 1897 fu tra le organizzatrici di una fiera di beneficenza a Parigi, cui partecipavano anche

i fratelli Lumière. Proprio le loro pellicole furono all'origine di un incendio in cui Sofia Carlotta morì.

29 Ad esempio, dovette imparare tutte le lingue parlate nell'impero. Francesco Giuseppe vi era abituato fin dall'infanzia, infatti parlava correntemente tutte le principali lingue dei suoi popoli oltre all'inglese e al francese. Elisabetta invece dovette recuperare in fretta e durante il viaggio in Italia il suo accento e il suo vocabolario vennero molto criticati. Anche il ceco le risultava difficile, mentre per l'ungherese manifestò subito una predisposizione. Degli italiani disse profeticamente che non li poteva soffrire perché *«gridano sempre evviva e poi ti piantano un pugnale nella schiena»*.

30 La Hofburg aveva 2.600 stanze e 229 dame (escludendo la servitù) avevano libero accesso alle stanze private di Elisabetta.

31 *«Sono un gabbiano che non appartiene a nessun paese, / nessuna spiaggia è la mia patria, / non mi affeziono ad alcun luogo, / volo di onda in onda.»*

32 A Corfù era ambientata l'ultima opera di Shakespeare, *«La tempesta»*. Dopo Heinrich Heine, Shakespeare era l'autore preferito da Elisabetta, che ne tradusse le opere in greco antico.

33 Uno su tutti: *«Per me niente amore, per me niente vino; l'uno dà la nausea, l'altro fa dar di stomaco.»*

34 Le due donne avevano anche una certa somiglianza. Elisabetta ne approfittò spesso nel corso dei suoi viaggi per farsi sostituire durante le noiose cerimonie ufficiali.

35 Una curiosità: Benito Mussolini venne così chiamato dai genitori proprio in suo onore.

36 Quando era arciduca ereditario era comandante del XIV corpo d'Armata del Tirolo *«Edelweiss»*.

37 La non-uniformità amministrativa dei territori era normale in età moderna, e gli stati nazionali nacquero appunto eliminandola. All'interno della monarchia asburgica invece molte amministrazioni particolari riuscirono a sopravvivere. Si pensi, anche in Trentino, al caso delle Magnifiche Comunità.

38 Come il Tirolo tedesco dopo la chiusura della Dieta da parte dei bavaresi rivendicò il rispetto della sua secolare autonomia, così il Trentino iniziò a chiedere uno statuto autonomo subito dopo l'annessione all'Italia. L'autonomia non serviva quindi a tutelarsi in quanto minoranza linguistica, ma a difendere le proprie tradizioni di autogoverno.

39 I rappresentanti trentini erano 3 per il clero (uno per il vescovo di Trento, uno per il Capitolo del Duomo, uno per il convento di S. Michele all'Adige e dopo la soppressione di questo, per la collegiata di Arco); 2 per la borghesia cittadina (un delegato di Rovereto o Arco e uno di Trento o Riva); 2 per i contadini (un delegato delle giurisdizioni «ai confini d'Italia» e uno del «quarto» di Trento, essendo stata tutta la Contea del Tirolo divisa in 13 «quarti»); per la nobiltà non si seguiva una rappresentanza territoriale.

40 La nascita dell'ITAS ad esempio risale al 1821.

41 Inizialmente la Contea principesca del Tirolo era retta da un governatore.

42 I comuni erano stati ridotti da 384 a 110. Un provvedimento simile venne preso dal governo fascista nel 1926/27.

43 Risale a questo periodo e alla normativa asburgica l'istituzione dei Corpi dei Vigili del Fuoco Volontari. Gli incendi nei paesi erano del resto frequenti e spesso devastanti.

44 Durante l'età moderna infatti ogni comunità trentina, dalla più grande alla più piccola, aveva un suo statuto.

45 Karl von Hohenwart era diventato Primo Ministro dopo essere stato a capo della Sezione di luogotenenza trentina.

46 Con l'elezione di Pio IX nel 1846 si era diffuso anche in Trentino il mito del «papa liberale». Scritte inneggianti a Pio IX erano apparse sulle case di Trento e dei sobborghi.

47 L'affermazione dell'idea nazionale nell'ambito della cultura trentina era pienamente legale, in quanto l'articolo 19 della «Legge fondamentale dello stato sui diritti generali dei cittadini» stabiliva che «*tutte le nazioni dello Stato hanno eguali diritti, e ogni singola nazione ha l'inviolabile diritto di conservare e di coltivare la propria nazionalità e il proprio idioma*». L'istanza irredentistica fondata sul passaggio del Trentino allo stato italiano era invece considerata grave reato di tradimento.

48 Oltre che a Trento, altri ginnasi esistevano a Riva del Garda, Borgo Valsugana, Ala. Il ginnasio di Ala era stato istituito nel 1774 ed essendo sopravvissuto alla legge del 1827 che aboliva le scuole private, durò due secoli. Ebbe particolare fama quando Ala fu aggregata all'Italia il 27 maggio 1915, precedendo di tre anni il resto del Trentino.

49 Quest'obbligo nello stato italiano venne introdotto circa un secolo dopo.

50 Il Capitolo del duomo di Trento era composto da 18 canonici (appartenenti alle principali famiglie trentine), dei quali però solo una parte risiedeva a Trento. Ogni canonico godeva di una rendita e le tre cosiddette «dignità» del Capitolo erano il decano, il preposito e l'arcidiacono. Il decano veniva nominato dal Papa, il preposito dal Conte del Tirolo (cioè dall'imperatore), l'arcidiacono dal vescovo. Due canonici erano deputati alla Dieta del Tirolo. Il Capitolo possedeva tra l'altro alcune giurisdizioni in cui esercitava l'autorità temporale.

51 Solo nel 1964 i decanati di lingua tedesca passarono dalla diocesi di Trento a quella di Bressanone.

52 Il governo bavarese aveva soppresso anche i conventi degli Agostiniani a Trento (in San Marco) e a San Michele all'Adige e quello dei Carmelitani alle Laste, oltre al Capitolo della collegiata di Arco.

53 La Chiesa di Trento dipendeva fino al 1751 da quella di Aquileia, poi passò alle immediate dipendenze della Santa Sede, cioè di Roma.

54 Nel 1785 erano entrati a far parte della diocesi di Trento i decanati di Pergine, Levico, Strigno e Primiero che prima erano sottoposti ai vescovi di Feltre e Padova, e le parrocchie di Avio, Pilcante e Brentonico, prima nella diocesi di Verona.

55 Nel 1782 le parrocchie della diocesi erano 92 distribuite in 7 decanati, mentre nel 1803 erano 112 distribuite in 29 decanati. Nel 1826 le parrocchie erano 142 distribuite in 35 decanati, il numero dei quali rimase invariato per tutto il secolo. L'aumento del numero delle parrocchie era avvenuto nel 1785 e nel 1818 a causa del mutamento dei confini diocesani. Nel 1826 una popolazione di 385.046 persone era distribuita in 142 parrocchie con 1.526 sacerdoti, nel 1914 una popolazione di 579.572 persone era distribuita in 207 parrocchie con 1.079 sacerdoti e nel 1921 589.056 persone erano distribuite in 286 parrocchie con 1.169 sacerdoti. La vera esplosione delle parrocchie si era avuta con Celestino Endrici, dalle 167 del 1905 alle 286 del 1921.

56 Nel 1810 anche i conventi dei Francescani minori e Cappuccini erano stati chiusi, i frati dispersi e i beni messi all'asta. Nel 1815 però l'imperatore Francesco I aveva permesso la ricostituzione delle comunità e la restituzione dei beni superstiti.

57 Nel 1871 quindi venne costituita l'«Associazione liberale nazionale», sostituita nel 1893 dall'«Associazione politica nazionale del Trentino», partito di cui facevano parte 140 liberi professionisti, 115 possidenti, 106 commercianti negozianti e albergatori, 25 funzionari e impiegati, 11 artigiani, 7 industriali, 1 ecclesiastico, 39 persone con altri tipi di impiego. Riguardo ad altre formazioni politiche, nel 1895 venne fondata la sezione italiana del partito social-democratico austriaco e poi vennero costituite l'«Unione Politica Popolare» (1904) e il «Partito Popolare Trentino» (1905), entrambe organizzazioni politiche dei cattolici.

58 Don Grazioli aveva anche calcolato che in Trentino c'era una grossa inondazione ogni 42 anni. Per questo fece costruire un alto muro intorno alla sua canonica a Villa Agnedo, salvandola dalla tremenda alluvione del 1882. In effetti, dopo quella del 1882 vi fu una grossa alluvione nel 1924, seguita da quella disastrosa del 1966.

59 Nel 1883 era stata approvata la normativa a tutela dei lavoratori, che istituiva un corpo di ispettori del lavoro. I luoghi di lavoro dovevano essere soggetti a controlli, la giornata lavorativa era limitata, il pagamento in natura vietato. Nel 1887 venne votata anche una legge sugli incidenti sul lavoro e nel 1888 una sulle assicurazioni per malattia. Nel 1891 Viktor Adler riconobbe nel Congresso socialdemocratico internazionale che l'impero austro-ungarico, insieme alla Svezia e alla Gran Bretagna, aveva la migliore legislazione a tutela dei lavoratori.

60 Anche se nel 1859 era già stata introdotta a Trento l'illuminazione a gas, per un totale di 200 lanterne da strada.

61 La legge obbligava i comuni a farsi carico dei cittadini poveri, il che spingeva molti a favorirne l'emigrazione. Quest'obbligo era anche la motivazione per cui erano necessari dei permessi per potersi sposare: bisognava garantire di avere la possibilità di mantenere una famiglia.

62 All'interno del quale vi erano delle truppe speciali, quelle bosno-erzegovesi.

63 La durata del fermo militare subì delle modifiche nel corso del tempo. Prima del 1866 durava 8 anni.

64 Le condizioni di servizio, alloggio e finanziamento dei reggimenti ungheresi dell'esercito comune tuttavia venivano decise dal Parlamento ungherese. Nell'esercito comune gli ungheresi erano l'80 % nei 14 reggimenti di ussari, ma poco più del 14 % nella fanteria e il 10–12 % nelle formazioni di «*Jäger*», artiglieri, genieri e segnalatori.

65 Da imperial-regio (K.K.) divenne imperiale e regio (K.u.K.) nel 1889. Si ricordi che l'aquila a due teste non era il simbolo dell'impero austro-ungarico per via di questa sua duplicità, ma un antico simbolo derivato dall'impero bizantino.

66 In guerra prendeva servizio anche il personale delle associazioni di soccorso, quali l'ordine Teutonico, l'ordine dei Cavalieri di Malta, la società della Croce Rossa austriaca e quella ungherese.

67 L'esercito aveva cinque stabilimenti di pena per i condannati a pene superiori ad un anno e prigioni di presidio per le condanne minori e le persone in attesa di giudizio. In guerra venivano create speciali prigioni da campo.

68 La divisione «44°» comprendeva l'area tirolese.

69 In tempo di pace erano iscritti a un poligono di tiro, dovevano avere più di 17 anni e partecipare ad almeno quattro esercitazioni di tiro all'anno sparando almeno 60 colpi. Eleggevano i propri ufficiali, avevano una propria bandiera e prendevano il nome dal luogo in cui era situato il poligono di tiro (o Bersaglio). Durante la guerra vennero raggruppati in battaglioni e includevano i giovani sotto i 20 anni e gli uomini sopra i 50.

70 L'interpretazione dei dati relativi al censimento del 1910 è controversa a causa del forte movimento emigratorio. Gli storici quindi oscillano tra una cifra di circa 377.000 e una di 393.000. Il giornalista Ottone Brentari (Strigno 1852 - Rossano Veneto 1921) proponeva una cifra mediana di 384.000.

71 Lo scoppio della guerra aveva creato un clima di forte sospetto. Don Giuseppe Maurina ad esempio, curato di Nave San Rocco, venne condannato a cinque anni di carcere duro, dei quali ne scontò tre, per aver invitato durante una predica ad essere caritatevoli con tutti, «*anche verso gli italiani nostri fratelli nella lingua e nella religione*».

72 I soldati dell'esercito austro-ungarico politicamente sospetti, di qualsiasi nazionalità fossero, vennero invece concentrati nel campo di Beneschau (Benešov in Boemia) e inquadrati nelle «compagnie di disciplina» destinate alle azioni di guerra più pericolose.

73 Le autorità militari fecero riferimento per organizzare lo sgombero ai parroci e ai sindaci, ma in molti casi questi erano già sotto le armi o internati.

74 In alcuni casi fu il governo ad operare trasferimenti forzati per necessità produttive. Ad esempio gli operai della Manifattura tabacchi di Sacco, in quanto dipendenti statali, vennero collocati in altre fabbriche di tabacco a Linz, Budweis, Tabor ecc.

75 La diffidenza iniziale fu dovuta non solo al malinteso che molti credevano si trattasse di prigionieri provenienti dal Regno d'Italia e non di sudditi austriaci sfollati, ma anche al fatto che i profughi trentini erano stati preceduti da quelli galiziani, come riconobbe Alcide Degasperi: «*una sventura fu anche che i profughi del Mezzogiorno erano stati preceduti dai settecentomila profughi della*

Galizia, la maggior parte dei quali e per i loro costumi e per le loro qualità negative di nazione e di razza (ebrei galiziani) erano cordialmente antipatici alle popolazioni».

76 Dal marzo 1916 vennero concessi dei permessi per rientrare come lavoratori militarizzati.

77 In alcuni casi prati e boschi vennero incendiati nel vano tentativo di bonificarli.

78 Che colpì i profughi, ma anche i funzionari addetti al rientro: nell'ottobre 1918 l'ufficio di Vienna del Comitato di soccorso per i profughi meridionali venne ridotto al solo direttore.

79 Alla fine del 1916 si calcola che i fuoriusciti volontari fossero 757 e gli internati politici 53.

80 Sua sorella Giuseppina, nata nel 1790, nel 1809 partecipò all'insurrezione hoferiana arruolandosi nelle truppe volontarie e combattendo con abiti maschili.

81 Si tenga presente tuttavia che un austro-tedesco pagava in media il doppio delle tasse di un ceco, quattro volte e mezzo più di un polacco e sette volte più di uno slavo del sud.